- De Tien Plagen -

Leven van
Ongehoorzaamheid
en
Leven van
Gehoorzaamheid

Dr. Jaerock Lee

> *"Want Ik weet, welke plannen Ik over u koester,*
> *luidt het woord des Heren,*
> *gedachten van vrede en niet van onheil,*
> *om u een hoopvolle toekomst te geven."*
>
> (Jeremia 29:11)

Leven van Ongehoorzaamheid en Leven van Gehoorzaamheid
door Dr. Jaerock Lee
Gepubliceerd door Urim Books (Vertegenwoordiger: Sungnam Vin)
73, Yeouidaebang-ro 22-gil, Dongjak-gu, Seoul, Korea
www.urimbooks.com

Alle rechten voorbehouden. Dit boek of delen van dit boek mogen in geen enkele vorm gekopieerd worden, in een terughaal systeem opgeslagen worden, of geleid worden in enige vorm of met enige betekenis, elektronisch, mechanisch, gekopieerd, opgenomen worden of iets dergelijks, zonder de toegestane schriftelijke goedkeuring van de uitgever.

Tenzij anders vermeld zijn alle Schriftgedeeltes genomen van de Heilige Bijbel, NBG vertaling 1951, ®, Copyright © 1960, 1962, 1963, 1968, 1971, 1972, 1973, 1975, 1977, 1995 door de Lockman Foundation. Gebruikt met toestemming.

Copyright © 2020 door Dr. Jaerock Lee
ISBN: 979-11-263-0552-0 03230
Vertaling Copyright © 2012 door Dr. Esther K. Chung Gebruikt met toestemming.

Voorheen gepubliceerd in het Koreaans door Urim Books in 2007

Eerst uitgave februari 2020

Bewerkt door Dr. Geumsun Vin
Ontworpen door de uitgeverij van Urim Books
Gedrukt door Yewon Printing Company
Voor meer informatie, neem contact op met: urimbook@hotmail.com

Voorwoord

De burgeroorlog in de Verenigde Staten bereikte het hoogtepunt toen de 16de president, Abraham Lincoln, een dag van vasten en gebed uitriep op 30 April, 1863.

"De angstaanjagende rampen van vandaag kunnen de straf zijn voor de zonden van onze vaders. We zijn te trots over ons succes en weelde. We zijn zo trots dat we vergeten te bidden tot God, die ons geschapen heeft. We moeten de zonden van ons land belijden en God om genade vragen met een nederige houding. Dit is de plicht van de burgers van de Verenigde Staten van Amerika."

Terwijl de grote leider dit voorstelde, aten vele Amerikanen niet gedurende een dag en offerden vastend gebed.

Lincoln bad nederig tot God en redde de Verenigde Staten

van Amerika van het uit elkaar vallen. In feite kunnen wij al de antwoorden op onze problemen in God vinden. Gedurende de eeuwen, werd het evangelie verkondigd door vele predikers, maar vele mensen luisteren niet naar het woord van God, zeggende dat ze liever in zichzelf geloven.

Vandaag de dag, zijn er vele buitengewone temperatuursveranderingen en gebeuren er over de hele wereld natuurrampen. Zelfs met de ontwikkeling van medicijnen, zijn er nieuwe en behandelingresistente ziektes die giftiger zijn geworden.

Mensen mogen dan zekerheid in zichzelf hebben. Mensen mogen zichzelf distantiëren van God, maar wanneer wij in hun leven kijken, kunnen we er niet over spreken zonder woorden zoals wanhoop, pijn, armoede en ziekte te vermelden.

In één dag kan een persoon zijn gezondheid verliezen. Sommigen verliezen een dierbaar familielid of verliezen al hun bezittingen mede door een ongeval. Anderen hebben misschien vele moeilijkheden in hun bedrijven en werkplaatsen.

Ze roepen misschien uit, "Waarom gebeuren deze dingen met mij?" Maar zij weten geen uitweg. Vele gelovigen lijden aan beproevingen en testen en weten geen uitweg.

Maar alles heeft zijn oorzaak. Alle problemen en moeilijkheden hebben ook oorzaken.

De Tien Plagen die over Egypte kwamen, en de wetten voor het Pascha staan opgeschreven in het Boek Exodus, en geeft de kern van oplossingen voor alle soorten van problemen waar de gehele mensheid op de aarde vandaag mee wordt geconfronteerd.

Egypte verwijst geestelijk naar de wereld, en de les van de Tien Plagen over Egypte is van toepassing over iedereen op de aarde, zelfs vandaag. Maar niet vele mensen beseffen de wil van God, die de Tien Plagen bevat.

Omdat de Bijbel niet zegt dat het de "Tien Plagen" zijn, zeggen sommige mensen dat het elf of zelfs twaalf plagen zijn.

De eerste mening bevat ook de gebeurtenis waarbij de staf van Aäron in een slang veranderde. Maar er werd geen echte schade berokkend door naar een slang te kijken, dus is het in zekere zin, moeilijk om het tot een van de plagen te betrekken.

Maar omdat een slang in de wildernis heel sterk vergif heeft om iedereen te doden door een beet, kan iemand zich heel bedreigd voelen enkel door het zien van een slang. Dat is de reden waarom sommige mensen het als een van de plagen beschouwen.

De laatste mening bevat ook de gebeurtenis waarbij de staf van Aaron in een slang veranderde en ook de dood van de Egyptische soldaten in de Rode Zee. Daar de kinderen van Israël de Rode Zee op dat moment nog niet hadden doortrokken, voegen zij deze gebeurtenis toe en zeggen dat er twaalf plagen zijn. Maar het belangrijkste ding is niet het aantal plagen, maar de geestelijke betekenis en de voorziening van God die zij bevatten.

In dit boek zijn beschreven, het leven van Farao, die ongehoorzaam is aan het woord van God, in contrast met het leven van Mozes die een leven van gehoorzaamheid leidt. Het bevat ook de liefde van God, Die met Zijn grenzeloze bewogenheid ons de weg van redding laat kennen door het Pascha feest, de wet van besnijdenis en de betekenis van het feest van de ongezuurde broden.

Farao was getuige van de kracht van God, maar was toch ongehoorzaam aan Hem, en hij verviel in een onomkeerbare staat. Maar de Israëlieten werden gered van alle rampen, vanwege hun gehoorzaamheid.

De reden waarom God ons vertelt over de Tien Plagen is om ons te laten beseffen waarom er beproevingen en testen over ons

komen, zodat we alle problemen van het leven kunnen oplossen en wij een leven kunnen leiden dat vrij is van enige ramp. Bovendien, door ons te vertellen over de zegeningen die over ons zullen komen, wanneer wij gehoorzamen, wil Hij dat wij het hemelse Koninkrijk bezitten als Zijn kinderen.
Degene die dit boek lezen, zullen in staat zijn om de sleutels te vinden om de problemen van het leven op te lossen. Zij zullen het lessen van de geest voelen als zoete regen na een lange periode van droogte, en geleid worden op de weg van antwoorden en zegeningen.

Ik geef mijn dank aan Geumsun Vin, de directeur van de uitgeverij en alle werkers die deze publicatie mogelijk hebben gemaakt. Ik bid in de naam van de Heer Jezus Christus dat alle lezers een leven van gehoorzaamheid zullen leiden zodat zij de ontzagwekkende liefde en zegeningen van God mogen ontvangen.

Juli 2007

Jaerock Lee

Inhoudsopgave

Voorwoord

Over het leven van ongehoorzaamheid · 1

Hoofdstuk 1
Tien plagen toegebracht over Egypte · **3**

Hoofdstuk 2
Leven van ongehoorzaamheid en de plagen · **19**

Hoofdstuk 3
Plagen van bloed, kikvorsen en muggen · **31**

Hoofdstuk 4
Plagen van steekvliegen, veepest en zweren · **49**

Hoofdstuk 5
Plagen van hagel en sprinkhanen · **65**

Hoofdstuk 6
Plagen van duisternis en de dood
van de eerstgeborenen · **79**

Over het leven van gehoorzaamheid · **93**

Hoofdstuk 7
Het Pascha en de weg van redding · **95**

Hoofdstuk 8
Besnijdenis en heilig avondmaal · **111**

Hoofdstuk 9
Exodus en het feest van de ongezuurde broden · **129**

Hoofdstuk 10
Leven van gehoorzaamheid en zegeningen · **143**

Leven van Ongehoorzaamheid en Leven van Gehoorzaamheid
- De Tien Plagen -

Over het leven van ongehoorzaamheid

Maar indien gij niet luistert naar de stem
van de Here, uw God,
en niet al zijn geboden en inzettingen,
die ik u heden opleg, naarstig onderhoudt,
dan zullen de volgende vervloekingen alle over u komen
en u treffen:
Vervloekt zult gij zijn in de stad
en vervloekt op het veld.
Vervloekt zullen zijn uw mand en uw baktrog.
Vervloekt zal zijn de vrucht van uw schoot,
de vrucht van uw bodem,
de worp van uw runderen en de dracht van u kleinvee.
Vervloekt zult gij zijn in uw ingang
en vervloekt bij uw uitgang
(Deuterononium 28:15-19).

Hoofdstuk 1

Tien plagen toegebracht over Egypte

Exodus 7:1-7

De Here echter zeide tot Mozes: Zie, Ik stel u als God voor Farao; en uw broeder Aaron zal uw profeet zijn. Gij zult alles zeggen wat Ik u gebied, en uw broeder Aaron zal bij Farao het woord voeren, opdat deze de Israëlieten uit zijn land zal laten gaan. Maar Ik zal het hart van Farao verstokken, en Ik zal tekenen en wonderen talrijk maken in het land Egypte, doch Farao zal naar u niet luisteren. Daarom zal Ik mijn hand op Egypte leggen en mijn legerscharen, mijn volk, de Israëlieten uit het land Egypte leiden onder zware gerichten. En de Egyptenaren zullen weten, dat Ik Here ben, wanneer Ik mijn hand tegen Egypte uitstrek en de Israëlieten uit hun midden wegleid. Aldus deden Mozes en Aaron, zoals de Here hun geboden had, zo deden zij. Mozes nu was tachtig jaar oud en Aaron drieëntachtig jaar, toen zij tot Farao spraken.

Iedereen heeft het recht om gelukkig te zijn, maar niet veel mensen voelen zich eigenlijk gelukkig. Vooral in de wereld van vandaag, welke zo vol is van verschillende vormen van ongelukken, ziektes, en misdaden is het moeilijk om ieders geluk te garanderen. Maar er is iemand die, meer dan iemand anders wil dat wij geluk ervaren. Het is onze hemelse God, die ons geschapen heeft. In het hart van de meeste ouders is daar het verlangen om alles onvoorwaardelijk aan hun kinderen te geven, voor hun geluk. Onze God houdt veel meer van ons dan enig ouder en meer nog dan ouders verlangen, wil Hij dat wij gezegend worden.

Hoe kon deze God ooit willen dat Zijn kinderen wanhoop zouden lijden of rampen ervaren? Dit is verre van Gods verlangen voor ons.

Wanneer wij in staat zijn om de geestelijke betekenis en de voorziening van God te bevatten, die de Tien Plagen op Egypte legde, dan kunnen we begrijpen dat het ook Zijn liefde was. Bovendien kunnen we de wegen ontdekken om rampen te ontwijken. Maar zelfs te midden van een ramp, kunnen wij de uitweg vinden of kan deze getoond worden, en kunnen wij verder gaan op het pad van zegeningen.

Veel mensen geloven niet in Hem wanneer zij oog in oog staan met moeilijkheden, maar klagen toch tegen God. Zelfs onder de gelovigen zijn er sommigen die het hart van God niet begrijpen wanneer zij moeilijkheden ondergaan. Ze verliezen de moed en vallen in wanhoop.

Job was de rijkste man in het Oosten. Maar toen de rampen over hem kwamen, begreep hij eerst de wil van God niet. Hij sprak alsof hij verwachtte dat datgene wat gebeurde met hem, over hem kon komen. Dat kunt u zien in Job 2:10. Hij zei dat sinds hij de zegeningen van God had ontvangen, er ook een kans was dat hij tegenslag zou ontvangen. Hij begreep echter verkeerd dat God zegeningen en rampen geeft zonder oorzaak of reden.

Het hart van God voor ons is nooit rampspoed, maar vrede. Voordat we verder gaan in de Tien Plagen die over Egypte kwamen, laat ons denken over de situatie en de omstandigheden van die tijd.

Het maken van de Israëlieten

Israël is het uitverkoren volk van God. In hun geschiedenis, kunnen wij de voorziening en wil van God heel goed vinden. Israël was de naam die gegeven werd aan Jacob, de kleinzoon van Abraham. Israel betekent *"Want gij hebt gestreden met God en mensen en overmocht"* (Genesis 32:28).

Abraham kreeg Isaak, en Isaak had tweelingzonen. Zij waren Esau en Jakob. Het was ongewoon dat de tweede zoon, Jakob de hiel van zijn broer Esau vasthield, toen zij werden geboren. Jakob wilde het recht van de eerst geborene nemen in plaats van zijn oudere broer Esau.

Dat is waarom Jakob later het eerste geboorterecht kocht van Esau met wat brood en een linzengerecht. Hij heeft ook zijn vader, Isaak bedrogen, door de zegeningen van de eerste zoon, Esau te nemen.

Vandaag de dag, zijn de gedachten van mensen veel veranderd, en houden mensen hun erfenis niet alleen voor hun zonen, maar ook voor hun dochters. Maar in het verleden, ontving de eerste zoon normaal de gehele erfenis van hun vaderen. Ook in Israel, was deze zegening voor de eerste zoon heel groot.

De Bijbel zegt ons dat Jakob de zegeningen van de eerste zoon, op een bedrieglijke wijze nam, maar eigenlijk hij verlangde echt om de zegeningen van God te ontvangen. Totdat hij uiteindelijk de zegeningen van God ontving, moest hij door vele soorten van moeilijkheden gaan. Hij moest vluchten van zijn broeder. Hij diende zijn oom, Laban gedurende twintig jaar en terwijl hij diende werd hij regelmatig door hem bedrogen en misleid.

Toen Jakob terug kwam in zijn geboorteland, was hij in een levensbedreigende situatie, omdat zijn broeder nog steeds boos op hem was. Jakob moest door deze moeilijkheden gaan omdat hij de sluwe natuur had om zijn eigen voordeel of baat te zoeken.

Maar omdat hij God meer vreesde dan anderen, vernietigde hij zijn ego en ik, door deze tijden van beproevingen. Dus, ontving hij uiteindelijk de zegening van God en werd de natie Israel gevormd door zijn twaalf zonen.

De achtergrond van Exodus en de verschijning van Mozes

Waarom leefden de Israëlieten als slaven in Egypte?

Jakob, de vader van Israel, had een voorkeur voor zijn elfde zoon, Jozef. Jozef werd geboren door Rachel, de vrouw waarvan Jakob heel veel hield. Dit veroorzaakte de na-ijver van Jozefs halfbroeders, en uiteindelijk werd Jozef als slaaf verkocht aan Egypte door zijn broeders.

Jozef vreesde God en handelde in integriteit. Hij wandelde met God en in gerechtigheid, en binnen dertien jaren vanaf de tijd dat hij aan Egypte werd verkocht, werd hij de op één na machtigste heerser na de koning, over geheel Egypte.

Er was zo'n ernstige droogte in het Nabije Oosten, en door de gunst van Jozef, verhuisden Jakob en zijn familie naar Egypte. Omdat Egypte gered werd van deze ernstige droogte door de wijsheid van Jozef, behandelden Farao en de Egyptenaren zijn familie buitengewoon goed en gaven het land Gosen aan hen.

Na vele generaties, namen de Israëlieten toe in aantal. De Egyptenaren voelden zich bedreigd. Omdat het honderden jaren na Jozefs dood was, waren zij de genade van Jozef vergeten.

En na dit alles begonnen de Egyptenaren de Israëlieten te vervolgen en maakten hen tot slaven. De Israëlieten werden gedwongen tot zware arbeid.

Bovendien om de toename van de Israëlieten te stoppen, beval de Farao de Egyptische vroedvrouwen om alle nieuwgeboren jongens te doden.

Mozes, de leider van de Exodus, werd in dit duistere tijdperk geboren.

Zijn moeder zag dat hij mooi was en verborg hem gedurende drie maanden. De tijd dat zij hem verborgen kon houden was voorbij, en zij plaatste hem in een rieten mandje en zette hem tussen het riet van de Nijl.

Op dat moment, kwam de prinses van Egypte naar de Nijl om zich te baden. Ze zag het mandje en wilde de baby nemen en houden. Mozes zuster keek toe wat er gebeurde en zij beval snel Jochebed, de echte moeder van Mozes aan, als verzorgster. Op die manier werd Mozes opgevoed door zijn eigen moeder.

Vanzelfsprekend, leerde hij over de God van Abraham, Isaak en Jakob en over de Israëlieten.

Terwijl Mozes opgroeide in het paleis van Farao, verwierf hij verschillende soorten van kennis die hem zouden voorbereiden en toerusten als hun leider. Tegelijkertijd leerde hij zonder twijfel over zijn volk en God. Zijn liefde voor zowel God als voor zijn volk groeide ook.

God koos Mozes als de leider van de Exodus en vanaf zijn geboorte leerde en praktiseerde hij leiderschap en heerschappij.

Mozes en Farao

Op een dag, kwam er een keerpunt in het leven van Mozes. Hij was altijd bezorgd over zijn volk, de Hebreeën, en hij was wanhopig over hun zware arbeid en lijden als slaven. Op zekere dag, zag hij een Egyptenaar een Hebreeuwse man slaan. Hij kon zijn boosheid niet langer in houden en doodde de Egyptenaar. Uiteindelijk hoorde Farao dit en moest Mozes voor hem vluchten.

Mozes moest de volgende veertig jaar doorbrengen als een herder die de schapen hoedde in de wildernis van Midjan. Dit alles was in Gods voorziening om hem voor te bereiden als de leider van de Exodus. Gedurende de 40 jaren dat hij de schapen van zijn schoonvader hoedde als herder in de wildernis, verliet hij volledig de waardigheid als een prins van Egypte en werd een zeer nederige man.

Alleen na dit alles riep God Mozes als de leider van de Exodus.

Maar Mozes zeide tot God: "Wie ben ik, dat ik naar Farao zou gaan en de Israëlieten uit Egypte zou leiden?" (Exodus 3:11).

Daar Mozes alleen maar schapen had gehoed gedurende veertig jaar, had hij geen zelfvertrouwen. God kende ook zijn hart, en Hij Zelf toonde hem vele tekenen zoals het veranderen van zijn staf in een slang om hem naar Farao te laten gaan en het bevel van God te geven.

Mozes vernederde zichzelf volledig en was in staat om het bevel van God te gehoorzamen. Maar Farao in tegenstelling tot Mozes was een zeer koppige man met een verhard hart.

Een mens met een verhard hart, veranderd niet, zelfs niet na het zien van vele werken van God. In de bekende gelijkenis die Jezus ons vertelde in Mattheüs 13:18-23, onder de vier soorten grond, valt een verhard hart onder de categorie "wegzijde." Wegzijde is heel hard, omdat mensen er over wandelen. Degene die dit soort van hart hebben veranderen niet, zelfs niet na het zien van de werken van God.

In die tijd, hadden de Egyptenaren erg sterke en dappere karakters gelijken leeuwen. Hun heerser, de Farao, had de absolute macht en beschouwde zichzelf als een god. De mensen dienden hem ook alsof hij een god was.

Mozes sprak over God tot mensen die dit soort van cultureel begrip hadden. Zij wisten niets over de God waarover Mozes sprak, en die Farao het bevel gaf om de Israëlieten te laten gaan. Het was duidelijk moeilijk voor hen om naar Mozes te luisteren.

Zij genoten van groot voordeel door de arbeid van de Israëlieten, zodat het zelfs nog moeilijker voor hen was om het te aanvaarden.

Ook vandaag, zijn er mensen die hun kennis, roem, autoriteit of rijkdom alleen maar het beste achtten. Zij zoeken enkel hun eigen voordeel en vertrouwen alleen in hun eigen mogelijkheden. Ze zijn arrogant en hun harten zijn verhard. De harten van Farao en de Egyptenaren waren verhard. Dus gehoorzaamden zij niet aan de wil van God die gegeven werd door Mozes. Zij waren ongehoorzaam tot het einde, en uiteindelijk werden zij gedood.

Natuurlijk, ondanks dat het hart van Farao verhard was, stond God geen grote plagen toe vanaf het begin.

Zoals gezegd wordt, *"Genadig en barmhartig is de Here, lankmoedig en groot van goedertierenheid"* (Psalm 145:8), toonde God hen door Mozes vele keren Zijn kracht. God wilde dat zij Hem zouden erkennen en gehoorzamen. Maar Farao verhardde zijn hart zelfs nog meer.

God, die de harten en gedachten van iedereen ziet, sprak tot Mozes, en liet hem alles weten wat Hij zou doen.

Maar Ik zal het hart van Farao verstokken, en Ik zal mijn tekenen en wonderen talrijk maken in het land Egypte, doch Farao zal naar u niet luisteren. Daarom zal Ik mijn hand op Egypte leggen en mijn legerscharen, mijn volk, de Israëlieten, uit het land Egypte leiden onder zware gerichten. En de Egyptenaren zullen weten, dat Ik de Here ben, wanneer Ik mijn hand tegen Egypte uitstrek en de

Israëlieten uit hun midden wegleid (Exodus 7:3-5).

Farao's verhardde hart en de tien plagen

Gedurende het gehele proces van de Exodus, kunnen wij vele keren de uitdrukking zien, *"De Here zal het hart van Farao verstokken"* (Exodus 7:3).
Letterlijk, lijkt het dat God het hart van Farao met een doel verhard, en kan iemand God verkeerd begrijpen alsof God als een dictator is. Maar dat is niet waar.
God wil dat iedereen gered wordt (1 Timoteüs 2:4). Hij wil zelfs dat de persoon met het meest verhardde hart de waarheid gaat beseffen en redding bereikt.
God is de God van liefde; Hij zou nooit doelmatig het hart van Farao verharden om Zijn glorie te openbaren. Ook, door het feit dat God Mozes herhaaldelijk naar Farao zendt, laat ons begrijpen dat God wil dat Farao en ieder ander zijn hart veranderd en Hem gehoorzaamt.

God doet alles in orde, in liefde en in gerechtigheid, volgens het woord in de Bijbel.
Wanneer wij het kwade doen en niet luisteren naar het woord van God, zal de vijand duivel ons aanklagen. Dat is de reden waarom wij beproevingen en testen ondergaan. Degenen die het woord van God gehoorzamen en in gerechtigheid leven, zullen zegeningen ontvangen.

Mensen kiezen hun eigen daden met hun eigen vrije wil. God heeft niet benoemd wie zegeningen zal ontvangen en wie niet. Als God geen God van liefde en gerechtigheid was geweest, had Hij gelijk vanaf het begin een grote plaag over Egypte kunnen brengen om Farao tot onderwerping te brengen.

God wil geen "gedwongen gehoorzaamheid" die voortkomt uit angst. Hij wil dat mensen hun harten openen en Hem gehoorzamen vanuit hun vrije wil.

Eerst laat Hij ons Zijn wil zien en toont Hij ons Zijn kracht zodat we kunnen gehoorzamen. Maar wanneer wij niet gehoorzamen, begint Hij kleine rampen toe te staan over ons, om besef te verkrijgen en ons tot onszelf te brengen.

De Almachtige God kent het hart van mensen; Hij weet wanneer zonden geopenbaard worden en hoe wij de zonde kunnen verwerpen en hoe wij oplossingen kunnen ontvangen op onze problemen.

Zelfs vandaag leidt Hij ons op de beste weg en past de beste methodes toe om ons voor te laten komen als heilige kinderen van God.

Van tijd tot tijd, staat Hij toe testen en beproevingen toe die we kunnen overwinnen. Het is de manier voor ons om de zonde in ons te vinden en het te verwerpen. Wanneer onze ziel voorspoedig is, laat Hij alles goed gaan en geeft ons goede gezondheid.

Farao verwierp zijn zonde echter niet, wanneer deze werden getoond. Hij verhardde zijn hart en bleef ongehoorzaam aan het woord van God. Omdat God het hart van Farao kende, liet Hij het verhardde hart van farao openbaar komen door de plagen. Dat is de reden waarom de Bijbel zegt, "De Here verstokte het hart van farao." 'Een verhard hart hebben' betekent over het algemeen dat iemands karakter kieskeurig en koppig is. Maar het verhardde hart wat opgeschreven staat in de Bijbel, met het oog op farao is niet alleen de ongehoorzaamheid aan Gods woord met goddeloosheid, maar ook het opstaan tegen God.

Zoals eerder vermeld, leefde farao een zeer zelfgericht leven, en beschouwde hij zichzelf als een god. Alle mensen gehoorzaamden hem, en hij hoefde niets te vrezen. Als hij een goed hart had gehad, zou hij in God hebben geloofd, bij het zien van de krachtige werken die getoond werden door Mozes, ondanks dat hij nooit eerder over God had gehoord.

Bijvoorbeeld, Nebukadnessar van Babylon, die leefde van 605 tot 562 VC, had nooit over God gehoord, maar toen hij getuige was van de kracht van God door Daniël's drie vrienden Sadrak, Mesak and Abednego, erkende hij God.

"Nebukadnessar hief aan en zeide: Geloofd zij de God van Sadrak, Mesak en Abednego! Hij heeft zijn engel gezonden en zijn dienaren bevrijd, die zich op Hem hebben verlaten, het bevel des koning hebben overtreden, en hun lichamen prijsgegeven, omdat zij

geen enkele god willen vereren dan alleen hun God. Daarom wordt door mij een gebod uitgevaardigd, dat ieder, tot welk volk, tot welke natie of taal hij ook behore, die enig oneerbiedig woord spreekt tegen de God van Sadrak, Mesak, en Abednego, in stukken gehouwen en dat zijn huis tot een puinhoop gemaakt zal worden, omdat er geen andere god, is, die zo verlossen kan" (Daniël 3:28-29).

Sadrak, Mesak en Abednego gingen naar een heidens land als gevangenen op jonge leeftijd. Maar om de geboden van God te gehoorzamen, knielden zij niet neer voor een afgod. Zij werden in een hete oven geworpen. Maar zij leden geen schade, en zelfs geen haar van hen werd verbrand. Toen Nebukadnessar daar getuige van was, erkende hij de levende God onmiddellijk.

Hij erkende niet alleen de almachtige God, toen hij getuige was van het werk van God, welke boven de menselijke mogelijkheden uitsteeg; hij gaf ook glorie aan God voor de ogen van zijn volk.

Farao, echter erkende God niet, zelfs niet na het zien van Zijn krachtige werken. Hij verhardde zijn hart zelfs nog meer. Enkel na het lijden van niet alleen een of twee plagen, maar alle tien de plagen liet hij de Israëlieten gaan.

Maar omdat zijn verhardde hart nog steeds onveranderd was, kreeg hij spijt dat hij de Israëlieten had laten gaan. Hij ging hen achterna met zijn leger, en uiteindelijk stierf hij en zijn leger in de

Rode Zee.

De Israëlieten waren onder de bescherming van God

Terwijl het gehele land Egypte gebukt ging onder de plagen en ondanks dat de Israëlieten in hetzelfde Egypte waren, leden zij niet onder enige van de plagen. Dat kwam omdat God Zijn bijzondere bescherming voorzag over het land Gosen, waar de Israëlieten leefden.

Wanneer God ons beschermt, kunnen wij ook veilig zijn zelfs tijdens grote rampen en noden. Zelfs wanneer wij ziek worden of moeilijkheden ondergaan, kunnen wij genezen zijn en hen overwinnen door de kracht van God.

Het kwam niet omdat zij geloof hadden en rechtvaardig waren dat de Israëlieten werden beschermd. Zij werden beschermd door het feit dat zij het uitverkoren volk van God waren. In tegenstelling tot de Egyptenaren, zochten zij God in hun lijden, en omdat zij Hem erkenden, konden zij onder Zijn bescherming zijn.

Op gelijke wijze, zelfs wanneer wij soms nog vormen van zonde hebben, enkel door het feit dat wij Gods kinderen zijn geworden, kunnen wij beschermd worden van de rampen die over de ongelovigen komen.

Dat komt omdat wij vergeven zijn van onze zonden door

het bloed van Jezus Christus, en wij Gods kinderen geworden zijn; daarom, zijn wij niet langer kinderen van de duivel die moeilijkheden en rampen over ons brengt.

Bovendien, wanneer ons geloof groeit, wij de Dag Des Heren heiligen, de zonden verwerpen en gehoorzamen aan het woord van God, kunnen wij Gods liefde en zegeningen ontvangen.

Nu dan Israel, wat vraagt de Here, uw God, van u dan de Here, uw God, te vrezen door in al zijn wegen te wandelen; Hem lief te hebben; de Here, uw God te dienen met uw ganse hart en met uw ganse ziel; de geboden en de inzettingen des Heren, die ik u heden opleg, te onderhouden, opdat het u wel ga (Deuteronomium 10:12-13).

Hoofdstuk 2

Leven van ongehoorzaamheid en de plagen

Exodus 7:8-13

En de HERE zeide tot Mozes en Aäron: Wanneer Farao tot u zegt: vertoon een wonderteken, dan zult gij tot Aäron zeggen: neem uw staf en werp die neer voor het aangezicht van Farao; dan zal hij een slang worden. Mozes en Aäron kwamen tot Farao en zij deden, zoals de HERE geboden had; Aäron wierp zijn staf neer voor het aangezicht van Farao en zijn dienaren, en hij werd een slang. Daarop riep Farao van zijn kant de wijzen en de tovenaars en ook zij, de Egyptische geleerden, deden door hun toverkunsten hetzelfde. Ieder wierp zijn staf neer en deze werden tot slangen; de staf van Aäron echter verslond hun staven. Maar het hart van Farao verhardde en hij luisterde niet naar hen – zoals de HERE gezegd had.

Karl Marx verwierp God. Hij richtte het communisme op, op basis van het materialisme. Het resultaat van zijn theorie was dat ontelbaar veel mensen God verlieten. Het leek wel of de hele wereld weldra het communisme zou adopteren. Maar het communisme viel uit elkaar binnen honderd jaar.

Net zoals de val van het communisme, leed Marx onder deze dingen in zijn persoonlijk leven, in een staat van geestelijke onzekerheid en de vroege.

Dood van zijn kinderen. Friedrich W. Nietzsche, die zei God is dood, beïnvloedde veel mensen om tegen God op te staan. Maar al snel werd hij gek vanwege angst en ten einde stond hij oog in oog met een tragische dood.

We kunnen zien dat zij die tegen God opstaan en Zijn woord ongehoorzaam zijn, moeilijkheden te verduren krijgen die als plagen zijn en dat ze een erg miserabel leven leiden.

Verschil in plagen, beproevingen, testen en moeilijkheden

Of het nu gaat om gelovigen of niet gelovigen, alle mensen kunnen oog in oog komen te staan met bepaalde problemen in hun leven.

Het is omdat onze levens in Gods voorzienigheid van menselijke ontwikkeling ontworpen is om ware kinderen te worden.

God gaf ons enkel goede dingen. Maar sinds de zonde in

de mens kwam vanwege de zonde van Adam, is deze wereld onder de controle van de duivel Satan. Sinds die tijd, lijden de mensen vanwege diverse moeilijkheden en zorgen. Vanwege haat, boosheid, jaloezie, arrogantie en overspelige gedachten, begaan mensen zonden. Naar gelang de ernst van de zonde, komen ze te lijden onder diverse soorten testen, beproevingen die door de duivel Satan gebracht worden.

Wanneer ze dan geconfronteerd worden met deze erg moeilijke situaties zegt men dat het een ramp is. Zo ook, als gelovigen moeilijkheden hebben, gebruiken ze vaak 'test', 'verdrukking,' of 'beproeving' als terminologie. De Bijbel zegt ook, *"En niet alleen (hierin), maar wij roemen ook in de verdrukkingen, daar wij weten, dat de verdrukking volharding uitwerkt, en de volharding beproeving, en de beproeving hoop"* (Romeinen 5:3-4).

Dit betekent dat wanneer iemand nu wel of niet in de waarheid leeft, en naar gelang de hoeveelheid geloof een ieder heeft, kunnen het rampen, plagen, testen of verdrukkingen genoemd worden.

Bijvoorbeeld, wanneer een man geloof heeft maar niet handelt naar het woord welke hij steeds gehoord heeft, dan kan God hem niet beschermen tegen lijden onder verschillende soorten moeilijkheden. Dit kan een 'verdrukking' genoemd worden. Verder, als hij zijn geloof verzaakt en in onwaarheid handelt, zal hij lijden onder plagen en rampen.

Maar ook, stel dat iemand luistert naar het Woord en het

probeert te praktiseren, maar niet geheel naar dat Woord leeft, dan zal hij het proces van de strijd tegen zijn zondige natuur moeten afleggen. Wanneer iemand met vele problemen te maken krijgt, voor hem om met zijn zondige natuur af te rekenen tot bloedens toe, zegt de Bijbel dat hij onder beproevingen lijdt of wordt gedisciplineerd. Namelijk, vele soorten problemen die hij tegenkomt worden 'beproevingen' genoemd.

Zo ook is een 'test' een gelegenheid om te onderzoeken hoeveel iemand in geloof gegroeid is. Dus, volgen testen en beproevingen hen die trachten te leven naar het Woord. Als een persoon weggaat van de waarheid en God boos maakt, zal hij lijden onder 'verdrukkingen' of ' plagen.'

Oorzaken van plagen

Wanneer een persoon met opzet zondigt, moet God Zijn aangezicht van hem afkeren. Zo, kan de vijand duivel, plagen over hem brengen.

Plagen komen tot zo'n hoogte dat iemand het woord van God ongehoorzaam is. Wanneer hij niet terugkeert, maar doorgaat te zondigen, zelfs nadat er plagen over hem zijn gekomen, dan zullen er grote rampen komen zoals het geval was met de tien plagen in Egypte. Maar als hij zich bekeert en terugkeert, dan zullen de plagen weldra weggaan door de genade van God.

Mensen lijden onder rampen vanwege hun kwaad, maar we

kunnen twee groepen van mensen vinden onder hen die lijden.

Een groep komt tot God en probeert zich te bekeren en af te wenden van de rampen. Aan de ander kant is er de groep die maar blijft klagen tegen God zeggende "Ik ga netjes naar de kerk, bid en geef offerandes, en waarom moet ik dan lijden vanwege deze ramp?"

De resultaten zullen compleet verschillen van elkaar. In de eerst zaak, zal de plaag weggaan en zal de genade van God hun deel zijn. Maar de laatste, die hebben niet eens door dat ze een probleem hebben, dus een grotere plaag zal over hen komen.

Tot de mate dat iemand kwaad in zijn hart heeft, is het moeilijk voor hem om zijn fout te herkennen en terug te keren. Zo'n persoon heeft zo'n verhard hart dat hij zelfs de deur van zijn hart niet opent na het horen van het evangelie. Zelfs als hij tot geloof gekomen is, faalt hij de woorden van God te begrijpen; hij gaat gewoon naar de kerk maar verandert zichzelf niet.

Daarom, als u een plaag ondergaat, zou u zich moeten realiseren dat er iets onjuist is in de ogen van God en er snel van afkeren en van de plaag wegkomen.

Kansen door God gegeven

Farao verwierp het Woord van God welke tot hem gebracht werd door Mozes. Hij keerde zich niet af toen de wat mindere plagen werden toegepast, daarom moest hij onder grotere plagen lijden. Als hij door zou gaan kwaad te bedrijven, door God ongehoorzaam te zijn, werd zijn gehele land zo zwak dat het nauwelijks in staat was te herstellen. Uiteindelijk stierf hij een tragische dood. Hoe dwaas was hij!

Daarna kwamen Mozes en Aäron tot Farao en zeiden tot hem: "Zo zegt de HERE, de God van Israël: laat mijn volk gaan om te mijner ere in de woestijn een feest te vieren" (Exodus 5:1).

Toen Mozes Farao vroeg de Israëlieten weg te zenden naar het woord van God, weigerde Farao onmiddellijk. Maar Farao zei: Wie is de HERE, naar wie ik zou moeten luisteren om Israël te laten gaan? Ik ken de HERE niet, en ik zal Israël ook niet laten gaan (Exodus 5:2).

Toen zeiden zij: De God der Hebreeën heeft ons ontmoet; laat ons toch drie dagreizen ver de woestijn intrekken, om aan de HERE, onze God, te offeren, anders zou Hij ons treffen met de pest of met het zwaard (Exodus 5:3).

Toen Farao de woorden van Mozes en Aäron hoorde, veroordeelde hij de Israëlieten onredelijk door te zeggen dat ze lui waren en aan andere dingen dachten dan hun werk. Hij vervolgde hen in hogere mate tot wreed werken. De Israëlieten, kregen voorheen stro om stenen te maken, maar nu stopte Farao ermee hen stro te geven, maar moesten ze hetzelfde aantal stenen maken zonder stro te krijgen. Het was niet eenvoudig voor de Israëlieten om de stenen te maken zelfs toen ze het stro hadden, maar nu was Farao hiermee gestopt. Hier kunnen we zien welk een verhard hart de Farao had.

Wanneer hun werk nog zwaarder werd, begonnen de Israëlieten te klagen tegen Mozes. Maar God stuurt Mozes naar de Farao om hem de tekenen te tonen. God gaf Farao die ongehoorzaam was aan het Woord van God, de gelegenheid zich te bekeren, door hem Gods kracht te laten zien.

Mozes en Aäron kwamen tot Farao en zij deden, zoals de HERE geboden had; Aäron wierp zijn staf neer voor het aangezicht van Farao en zijn dienaren, en hij werd een slang (Exodus 7:10).

Door Mozes, maakte God een slang van de staf, om de levende God te bewijzen aan Farao, die God niet kende.

Geestelijk refereert 'slang' naar Satan, en waarom maakte God een slang van de staf?

Het land waarop Mozes stond en de staf behoorden tot deze wereld. Deze wereld is van de vijand duivel en Satan. Om dit feit te symboliseren maakte God een slang. Het is om ons te vertellen, dat zij die niet recht zijn in Gods ogen, altijd het werk van Satan zullen krijgen. Farao stond op tegen God en daarom kon God hem niet zegenen. Dat is waarom God een slang deed

verschijnen, het representeert Satan.
Het was een voorafschaduwing dat er werken van Satan zouden zijn. De volgende plagen zulke als bloed, kikkers, en steekvliegen waren alle gedaan door het werk van Satan.
Daarom, een staf die in een slang wordt veranderd is een niveau waar enkele kleine dingen plaatsvinden zodat een gevoelig mens het mag voelen. Ze kunnen zelfs als toeval worden toegevoegd. Het is in een situatie waarin geen actuele schade is. Het is een kans door God gegeven voor iemands bekering.

Farao haalt de tovenaars van Egypte erbij

Toen Farao de staf van Aäron in een slang zag veranderen, riep de Farao de wijze mannen en tovenaars van Egypte.

Zij waren de magiërs in het paleis en deden vele toverkunsten voor de koning, om te vermaken. Zij kwamen zo op hoge posten in het paleis vanwege hun magie. Mede omdat ze dit ook geërfd hadden van hun voorouders, waren ze eigenlijk met dat type temperament geboren.

Zelfs vandaag, zien we magiërs, ze lopen zo, door de Grote Muur in China voor het oog van vele mensen, of ze zorgen dat het Vrijheidsbeeld verdwijnt. Tevens, hebben sommigen zich lange tijd in Yoga getraind, en zodoende kunnen ze slapen op een dunne tak, of in een emmer verblijven voor vele dagen.

Sommige van deze magische werken, zijn slechts

gezichtsbedrog. Desalniettemin trainen ze zichzelf om verbazingwekkende dingen te doen. Dus, hoeveel machtiger waren de tovenaars, die sinds vele generaties voor de koning optraden! Vooral in hun zaak, hadden ze zich ontwikkeld door hun contact met boze geesten.

Sommige tovenaars in Korea hebben contact met demonen, en ze dansen op erg scherpe messen van grasmachines en worden in het geheel niet bezeerd. De bezweerders van de Koning hadden ook contact met boze geesten en toonden vele verbazingwekkende dingen.

De bezweerders in Egypte, hadden zichzelf getraind voor een lange periode, en door illusie en trucs, gooiden ze ook een staf en deden het lijken als een slang.

Zij die de levende God niet erkennen

Toen Mozes zijn staf op de grond wierp en het een slang maakte, dacht Farao even dat God bestond en de God van Israël de ware God is. Maar toen hij de bezweerders ook een slang zag maken, geloofde hij niet in God.

De slangen die door de bezweerders gemaakt werden, werden opgegeten door de slang van de staf van Aaron, maar hij dacht dat het toeval was.

In het geloof is er geen toeval. Maar in het geval van een nieuw gelovige, die net de Here heeft aangenomen, kunnen er zoveel werken van de Satan zijn om hem te storen in God te geloven. Dan denken veel mensen, ook dat het een soort van toeval is.

Zo zijn er ook gelovigen, die net de Heer hebben geaccepteerd en oplossingen voor hun problemen kregen door de hulp van God. Dan erkennen ze eerst de kracht van de levende God, maar als er tijd voorbij gaat denken ze eraan als toeval.

Net zoals de Farao getuige was van het werk van God doordat de staf een slang werd, maar God niet herkende. Net zo, zijn er mensen die de levende God erkennen maar alles als toeval beschouwen zelfs na de werken van God te hebben ervaren.

Sommige mensen geloven volledig in God door eenmaal Gods werk te ervaren. Weer anderen erkennen God eerst maar later denken ze dat hun problemen door hun eigen bekwaamheid, kennis en ervaring waren opgelost of door de hulp van buren, en geven het werk van God ook als toeval aan.

Dus, kan God niet anders dan Zijn gezicht van hen afkeren. Derhalve, kan het probleem dat eens was opgelost, weer terugkomen.

In het geval van ziekte die genezen was, zal het weer terugkomen, maar het kan zelfs erger worden. In geval een zakelijk probleem kunnen er zelfs grotere problemen dan daarvoor komen.

Als wij God Zijn antwoord aan toeval toeschrijven, zal het ons verder van God afleiden. Dan zal hetzelfde probleem terug keren of we zullen zelfs in nog moeilijkere situaties raken.

Op diezelfde manier, omdat Farao het werk van God als

30 · Leven van Ongehoorzaamheid en Leven van Gehoorzaamheid

toeval beschouwde, kreeg hij nu te lijden onder ware plagen.

Maar het hart van Farao verhardde en hij luisterde niet naar hen – zoals de HERE gezegd had (Exodus 7:13).

Hoofdstuk 3

Plagen van bloed, kikvorsen en muggen

Exodus 7:20-8:19

En Mozes en Aaron deden, zoals de Here geboden had; hij hief de staf op en sloeg het water in de Nijl voor de ogen van Farao en zijn dienaren, en al het water in de Nijl werd in bloed veranderd (7:20).

Voorts zeide de Here tot Mozes, 'Zeg tot Aaron: strek uw hand met uw staf uit over de stromen, de kanalen en de poelen, en doe kikvorsen opkomen over het land Egypte.' Toen strekte Aaron zijn hand uit over de wateren van Egypte, en de kikvorsen kwamen opzetten en bedekten het land Egypte (8:5-6).

En de Here zeide tot Mozes, 'Zeg tot Aaron: strek uw staf uit en sla het stof der aarde; het zal tot muggen worden in het gehele land Egypte.' Toen deden zij aldus; Aaron strekte zijn hand uit met zijn staf en sloeg het stof der aarde, en de muggen kwamen op mens en dier, alle stof der aarde werd muggen in het gehele land Egypte' (8:16-17).

Toen zeiden de geleerden tot Farao: Dit is Gods vinger. Maar het hart van Farao verhardde, en hij luisterde niet naar hen – zoals de Here gezegd had (8:19).

God vertelde Mozes dat Farao's hart verhard zou zijn, en dat hij zou weigeren om de Israëlieten te laten gaan, zelfs nadat hij de staf zag veranderen in een slang. Toen zei God tot Mozes wat hij moest doen, tot in detail.

Ga in de morgen tot Farao; zie, hij is gewoon naar het water te gaan, gij zult hem opwachten aan de oever van de Nijl en de staf, die in een slang veranderd is geweest, in uw handen nemen (Exodus 7:15).

Mozes ontmoette Farao, die aan het wandelen was bij de Nijl. Mozes gaf het woord van God en hield de staf, die in een slang was veranderd, in zijn hand.

En gij zult tot hem (Farao) zeggen: 'de Here, de God der Hebreeën, heeft mij tot u gezonden met de boodschap: laat mijn volk gaan, om Mij te dienen in de woestijn; maar zie tot nu toe hebt gij niet willen horen. Zo zegt de Here: Hieraan zult gij weten, dat Ik de Here ben: Zie, Ik zal met de staf die in mijn hand is, op het water in de Nijl slaan; het zal in bloed veranderd worden, en de vis in de Nijl zal sterven, zodat de Nijl zal stinken; dan zullen de Egyptenaren het water uit de Nijl niet kunnen drinken" (Exodus 7:16-18).

Plaag van bloed

Water is iets wat heel dicht bij ons is, en direct gerelateerd is met ons leven. Zeventig procent van het menselijke lichaam bestaat uit water; het is absoluut een essentieel ding voor alle levende dingen.

Vandaag, met het oog op de toename van de wereldbevolking en de economische ontwikkeling, lijden vele landen door gebrek aan water. De VN heeft wettelijk de "wereld waterdag" ingesteld om de landen te herinneren aan het belang van water. Het is om de mensen te bemoedigen om de beperkte water voorzieningen efficiënter te gebruiken.

In het Oude China, hadden zij een minister van waterbeheer. We kunnen gemakkelijk overal om ons heen water zien, maar soms falen wij om te zien hoe belangrijk het is in ons leven.

Wat een groot probleem zou het zijn wanneer al het water van een land in bloed zou veranderen! Farao en de Egyptenaren ondergingen zo'n wonderbaarlijk iets. De Nijl veranderde in bloed.

Maar Farao verhardde zijn hart en luisterde niet naar Gods woord, want hij had gezien hoe zijn tovenaars ook water in bloed veranderden.

Mozes liet hem de levende God zien, maar Farao beschouwde het als toeval en negeerde het. Dus tot de mate dat hij slecht was, kwam er een plaag over hem.

Mozes en Aaron deden net zoals de HERE had geboden.

Voor de ogen van Farao en voor de ogen van zijn dienstknechten, hief Mozes zijn staf omhoog en sloeg het water dat in de Nijl was en al het water in de Nijl veranderde in bloed. Toen moesten de Egyptenaren om de Nijl graven om drinkbaar water te krijgen. Dit was de eerste plaag.

De geestelijke betekenis van de plaag van het bloed

Welke geestelijke betekenis bevat de plaag van het bloed nu? Het grotere deel van Egypte is woestijn en wildernis. Daarom, leden Farao en zijn volk in grote mate omdat hun drinkwater in bloed was veranderd.

Niet alleen werd het drinkwater en water voor dagelijks leven slecht, maar ook alle vissen in het water stierven, en er was een vreselijke geur. Het ongemak was groot.

In deze zin, verwijst de plaag van het bloed geestelijk naar het lijden wat veroorzaakt wordt door dingen die direct gerelateerd zijn aan ons dagelijkse leven. Er zijn dingen die irritant en pijnlijk zijn, afkomstig van de mensen die het dichtst om ons heen zijn zoals familieleden, vrienden, en collega's.

Met het oog op ons christelijke leven, kan deze plaag iets zijn zoals vervolging of testen die komen van onze dierbaarste vrienden, ouders, bekenden of buren. Natuurlijk, zullen degene met een grotere mate van geloof ze gemakkelijk overwinnen, maar degene met klein geloof zullen veel lijden, mede door de vervolgingen en testen.

Beproevingen komen over degene die slecht zijn

Er zijn twee categorieën wanneer wij beproevingen ondergaan.

Ten eerste komt de beproeving wanneer wij niet leven door het woord van God. Op dat moment, wanneer wij ons snel bekeren en afkeren, zal God de beproeving wegnemen. Jakobus 1:13-14 zegt, *"Laat niemand, als hij verzocht wordt, zeggen: Ik word van Godswege verzocht. Want God kan door het kwade niet verzocht worden en Hij zelf brengt ook niemand in verzoeking. Maar zo vaak iemand verzocht wordt, komt dit voort uit de zuiging en verlokking zijner eigen begeerte."*

De reden waarom wij moeilijkheden ondergaan is omdat wij getrokken worden door onze verlangens en niet leven door het woord van God, en dan komt de vijand duivel, en brengt beproevingen over ons.

Ten tweede, proberen wij soms getrouw te zijn in ons christelijke leven, maar gaan we toch door beproevingen. Dat zijn de verstorende werken van satan om te proberen dat wij ons geloof gaan verlaten.

Wanneer we in dat geval een compromis sluiten, zullen de

moeilijkheden groter worden, en zullen wij niet in staat zijn om zegeningen te ontvangen. Sommige mensen verliezen het kleine geloof dat zij hadden en gaan terug naar de wereld. Hoe dan ook, beide gevallen worden veroorzaakt omdat wij het slechte in ons hebben. Dus, moeten wij ijverig de slechte dingen in ons vinden en ons ervan afkeren. Wij moeten bidden met geloof en dankbaar zijn. Dan kunnen wij de beproevingen overwinnen.

Net zoals Mozes' slang de slangen van de bezweerders opat, is de wereld van satan ook onder beheersing van God. Toen God eerst Mozes riep, toonde Hij een teken van het veranderen van de staf in een slang en daarna terug tot een staf (Exodus 4:4). Dit symboliseert het feit dat zelfs wanneer een beproeving over ons komt door de werken van Satan, wanneer wij ons geloof laten zien door volledig op God te vertrouwen, God alles tot normaal zal herstellen.

In tegenstelling, wanneer wij een compromis sluiten, is dat geen geloof, en kunnen wij Gods werken niet ervaren. Wanneer wij een beproeving tegenkomen, zouden wij volledig op God moeten steunen en de werken van God zien die de beproevingen wegneemt door Zijn kracht.

Alles is onder Gods beheersing. Dus, of het nu klein of groot is, in elke soort van test, wanneer wij volledig op God leunen en het woord van God gehoorzamen, zal de beproeving ons niets uit maken. God Zelf zal het probleem oplossen en ons leiden tot voorspoed in alle dingen.

Maar het belangrijkste ding is, dat wanneer het een kleine plaag is, wij gemakkelijk kunnen herstellen, maar in het geval van een grote plaag, is het niet gemakkelijk om volledig te herstellen. Daarom, moeten wij altijd onszelf onderzoeken met het woord van waarheid, alle soorten van zonde verwerpen, en leven door het Woord van God, zodat wij geen enkele plaag zullen ondergaan.

Beproevingen voor mensen van geloof hebben het doel van zegening

Soms, zijn er uitzonderlijke gevallen. Zelfs degene met groot geloof ondergaan beproevingen. De Apostel Paulus, Abraham, Daniël, en zijn drie vrienden, en Jeremia leden allemaal onder beproevingen. Zelfs Jezus werd drie maal beproefd door de duivel.

Evenzo, zijn de beproevingen die over degene komen die geloof hebben, zijn tot zegeningen. Wanneer zij zich verheugen, dankbaar zijn en volledig op God vertrouwen, zullen de beproevingen in zegeningen veranderen en kunnen zij glorie geven aan God.

Dus, is het mogelijk voor degene die geloof hebben om beproevingen te ondergaan, omdat zij zegeningen kunnen ontvangen door hen te overwinnen. Zij zullen echter nooit een plaag ondergaan. Plagen komen over een persoon die fouten maakt en zondigt in de ogen van God.

Bijvoorbeeld, de Apostel Paulus werd zoveel vervolgd voor de Here, maar door de vervolging ontving hij grotere kracht en speelde een belangrijke rol in het brengen van het evangelie in het Romeinse Rijk, als de apostel van de heidenen. Daniël sloot geen compromis met de plannen die gemaakt werden door de slechte mensen die jaloers op hem waren. Hij stopte niet met bidden, maar wandelde enkel in gerechtigheid. Uiteindelijk, werd hij in de leeuwenkuil geworpen, maar hij leed geen schade. Hij verheerlijkte God op grote wijze. Jeremia treurde en waarschuwde de mensen onder tranen, toen zijn volk zondigde voor God. Hiervoor werd hij geslagen en gevangen genomen. Zelfs in een situatie waar Jeruzalem overweldigd werd door Nebukadnessar van Babylon, en zoveel mensen gedood werden, en als gevangenen werden meegenomen, werd Jeremia gered en werd goed behandeld door de koning.

Met geloof, doorstond Abraham de beproeving van het offeren van zijn zoon, Isaak, zodat hij de vriend van God genoemd kon worden. Hij ontving zoveel grote zegeningen van God in de geest en lichaam dat zelfs de koning van een natie hem ontving met eer.

Zoals uitgelegd werd, komen in de meeste gevallen, de beproevingen over ons, vanwege de zonde die wij hebben, maar er zijn ook uitzonderlijke gevallen, waarbij mannen van God testen ontvangen in hun geloof. Maar het gevolg daarvan is zegen.

De plaag van kikvorsen

Zelfs na zeven dagen, vanaf het moment dat de Nijl in bloed veranderde, verhardde farao zijn hart. Daar zijn bezweerders ook water in bloed konden veranderen, weigerde hij om het volk Israel te laten gaan. Als de koning van een natie, moest Farao zorg dragen voor het ongemak van zijn volk, welke leed onder het gebrek aan water, maar het kon hem niets schelen, omdat zijn hart verhard was.

Vanwege dit verhardde hart van Farao, werd de tweede plaag op Egypte gelegd.

De Nijl zal wemelen van kikvorsen, zij zullen komen opzetten en in uw huis en slaapkamer binnendringen, ja, op uw bed, en in de huizen van uw dienaren en onder uw volk, ja, in uw bakovens en baktroggen. Tegen u, uw volk en al uw dienaren zullen de kikvorsen opkomen (Exodus 8:3-4).

Zoals God tegen Mozes had gezegd, wanneer Aäron zijn staf uitstrekte over de wateren van Egypte, begonnen ontelbare kikvorsen het land van Egypte te bedekken. Toen, deden de bezweerders opnieuw hetzelfde vanuit hun geheime listen.

Behalve in Antarctica, zijn er meer dan 400 verschillende soorten kikvorsen wereldwijd. Hun lengte varieert van 2,5 cm tot 30 cm.

Sommige mensen eten kikkers, maar normaal gesproken zijn mensen verrast of voelen afschuw bij het zien van kikkers. De ogen van een kikvors puilen uit en zij hebben geen staart. Hun achterste poten hebben zwemvliezen en hun huid is altijd nat. Al deze dingen zorgen voor een soort onaangenaam gevoel.

Het waren er niet een paar, maar talloze kikvorsen bedekten het gehele land. Ze zaten op de eettafels, en sprongen rond in de slaapkamers en op de bedden. Ze konden zelfs niet denken aan een aangename maaltijd of een beetje rust en vrede.

De geestelijke betekenis van de plaag van de kikvorsen

Welke geestelijke betekenis bevat de plaag van de kikvorsen dan?

Het boek Openbaringen 16:13 heeft een uitdrukking, "drie onreine geesten, als kikvorsen" Kikvorsen zijn een van de afschuwelijke dieren, en geestelijk verwijst het naar Satan.

De kikvorsen die in het paleis van de koning en de huizen van de ministers en mensen gaan, betekent dat deze plaag iedereen op gelijke wijze treft, ongeacht hun sociale posities.

Ook de kikvorsen die op en van het bed gingen, betekent dat er problemen zouden zijn tussen de mannen en vrouwen.

Bijvoorbeeld, veronderstel dat de vrouw een gelovige is, maar haar man niet, en de man heeft een affaire. Wanneer hij dan wordt betrapt, heeft hij een excuus, zoals, "Het komt omdat je altijd naar de kerk gaat."

Wanneer de vrouw haar man dan gelooft, die de kerk beschuldigd van hun persoonlijke problemen, en wegblijft van God, dan is dit een probleem veroorzaakt door "Satan in de slaapkamer."

Mensen ondergaan dit soort van plaag omdat zij vormen van zonde hebben. Zij lijken een goed leven in geloof te leiden, maar wanneer zij door testen gaan, worden hun harten geschud. Hun geloof en hoop op de hemel verdwijnen. Hun vreugde en vrede verdwijnen ook, en zij hebben angst om te kijken naar de realiteit van de situatie.

Wanneer zij echte hoop voor de hemel en liefde voor God hebben, en wanneer zij echt geloof hebben, zullen zij niet lijden vanwege de moeilijkheden waar zij doorheen zullen gaan op deze aarde. Zij zullen hen eerder overwinnen en zegeningen beginnen te ontvangen.

De kikvorsen gingen in de bakovens en baktroggen. De baktroggen verwijzen naar ons dagelijkse brood, en de oven naar onze werkplaats of bedrijfsveld. Dit in zijn geheel betekent dat satan werkt in families van mensen, werkplaatsen, bedrijfsvelden en zelfs in het dagelijkse eten, dus komt iedereen in moeilijke en stressvolle situaties.

In dit soort van situatie, overwinnen sommige mensen de

beproeving niet, denkende, "Deze beproeving komt over mij omdat ik in Jezus geloof," en dan gaan zij terug de wereld in. Het is om u te laten afkeren van de weg van redding en eeuwig leven.

Maar wanneer zij het feit erkennen dat de beproevingen over hen kwamen vanwege hun gebrek aan geloof en zonden, en zij zich daarvan bekeren, zullen de storende werken van Satan weggaan, en zal God hen helpen om de moeilijkheden te overwinnen.

Wanneer wij werkelijk geloof hebben, zal geen beproeving of plaag een probleem voor ons zijn. Zelfs wanneer wij beproevingen ondergaan, wanneer wij ons verheugen, dankbaar en alert zijn en bidden, kunnen alle problemen opgelost worden.

Toen riep Farao Mozes en Aaron en zeide: "Bidt tot de Here, dat Hij de kikvorsen van mij en mijn volk wegdoe; dan zal ik het volk laten gaan, om de Here offers te brengen" (Exodus 8:8).

Farao vroeg Mozes en Aaron om de kikvorsen te verwijderen die het gehele land overweldigden. Door Mozes' gebed, stierven de kikvorsen uit van de huizen, het gerechtshof en de velden.

Het volk verzamelde ze op van het veld, en het land stonk. Nu hadden zij een opluchting. Maar toen Farao de verlichting zag, veranderde hij zijn gedachte. Hij had beloofd dat hij het volk van Israel zou laten gaan, wanneer de kikvorsen weg waren, maar hij veranderde van gedachten.

Maar toen Farao zag dat er verlichting was ingetreden, liet hij zijn hart niet vermurwen en luisterde niet naar hen – zoals de Here gezegd had (Exodus 8:15).

"Zijn hart verharden" betekent dat Farao koppig was. Zelfs na het zien van Gods werken, luisterde hij niet naar Mozes. Als gevolg, werd een nieuwe plaag gestuurd.

God zei tot Mozes in Exodus 8:16, *"Zeg tot Aaron: strek uw staf uit en sla het stof der aarde; het zal tot muggen worden in het gehele land Egypte."*

Toen Mozes en Aaron datgene deden wat hen werd gezegd, werd het stof der aarde tot muggen in het gehele land Egypte.

De bezweerders probeerden met hun geheime listen ook muggen voor te brengen. Uiteindelijk beseften zij dat het niet kon gedaan worden vanuit menselijke kracht en beleden aan de koning.

Dit is Gods vinger (Exodus 8:19).

Tot nu toe, konden de bezweerders gelijkaardige dingen doen, zoals een staf veranderen in een slang, water veranderen in bloed en kikvorsen voortbrengen. Maar ze konden zulke dingen niet meer doen.

Uiteindelijk moesten zij ook de kracht van God erkennen die getoond werd door Mozes. Maar Farao bleef zijn hart verharden en luisterde niet naar Mozes.

De geestelijke betekenis van de plaag van muggen

In het Hebreeuws heeft de term "Kinim" verschillende vertalingen zoals "luizen, vlooien of muggen." Zulke insecten zijn over 't algemeen kleine insecten die in onreine plaatsen leven. Zij blijven aan het lichaam van mensen en dieren zitten en zuigen bloed. Het wordt meestal gevonden in haren, kleren of pels van dieren. Er zijn meer dan 3.300 verschillende soorten van muggen. Wanneer zij bloed zuigen van het menselijke lichaam, brengt dat jeuk voort. Het kan ook secondaire infecties voortbrengen zoals terugkerende koorts of uitbrekende tyfus.

Momenteel vinden we niet gemakkelijk muggen in schone steden, maar er waren veel insecten op het menselijke lichaam, door gebrek aan hygiëne.

Wat betekent dan precies de plaag van muggen?

Het stof van de aarde veranderde in muggen. Stof is een heel klein ding welke kan weg waaien door onze adem. De grote ervan varieert van 3-4μm (micrometer) tot 0.5 mm.

Als een bijna onbeduidend ding zoals stof tot levende muggen kan worden, die bloed zuigen, moeilijkheden en lijden geven, symboliseert de muggenplaag de situaties en gevallen, waarin kleine dingen, die onder de oppervlakte zijn als niets, plotseling opkomen en tot grote problemen kunnen uitgroeien om ons lijden en pijn te geven.

Gebruikelijk is jeuk relatief minder pijnlijk dan pijn veroorzaakt door andere ziektes, maar het is heel irritant. Net zoals muggen in onreine plaatsen leven, komt de plaag van muggen in een plaats waar er een vorm van zonde is.

Bijvoorbeeld, een kleine ruzie tussen broeders of tussen man en vrouw kan ontwikkelen tot een groot gevecht. Wanneer zij over iets kleins spreken wat in het verleden gebeurd is, kan het zich ontwikkelen tot een groot gevecht. Dit is ook een plaag van muggen.

Wanneer zulke vormen van zonde als na-ijver en jaloezie in het hart groeien, wordt het haat, wanneer iemand faalt om zich beheersen en boos wordt op iemand, wanneer iemands kleine leugens zich ontwikkelen in een grote leugen met als poging ze te verbergen, zijn dit allemaal voorbeelden van de plaag van muggen.

Wanneer er een verborgen vorm van zonde in het hart is, dan heeft de persoon kwellingen in zijn hart. Hij voelt dan dat een christelijk leven moeilijk is. Een kleine ziekte kan dan op hem komen. Deze dingen zijn ook zoals de plagen van muggen. Wanneer wij plotseling koorts hebben of verkouden worden, of wanneer wij kleine ruzies of problemen hebben, zouden wij snel tot onszelf moeten komen en ons bekeren.

Wat betekent het nu dat de muggen ook op de dieren kwamen? Dieren zijn levende dingen en in die tijd, was het aantal dieren, samen met het land, een mate van hoe rijk een persoon was. De koning, ministers en mensen hadden wijngaarden en hoedden het vee.

Wat zijn vandaag de dag onze bezittingen? Niet alleen huizen, land, bedrijven of onze werkplaatsen, maar ook gezinsleden behoren tot de categorie van onze "bezittingen." En omdat dieren levende dingen zijn, verwijst het naar de gezinsleden die samenleven.

"Muggen die op mensen en dieren zitten" betekent dat wanneer kleine problemen tot grote problemen uitgroeien, niet alleen wijzelf, maar ook onze gezinsleden lijden.

Zulke voorbeelden, zijn gevallen waarbij de kinderen lijden vanwege de zonden van hun ouders of de man lijdt vanwege de fouten van zijn vrouw.

In Korea, lijden vele kleine kinderen aan atopische dermatitis. Het begint eerst met een klein beetje jeuk, en spoedig verspreidt het zich over het gehele lichaam om uitbarstingen van huiduitslag te veroorzaken en zweren.

In een ernstig geval, barst de huid van sommige kinderen van hoofd tot voetzool om uitslag te geven. Terwijl hun huid verscheurd is, is het bedekt met etter en bloed.

Wanneer de ouders hun kinderen eerst zien in deze soort van situatie worden ze heel verdrietig vanwege het feit dat zij niet echt iets kunnen doen voor hun kinderen.

Ook wanneer de ouders boos worden, krijgen hun kleine kinderen soms plotseling koorts. In vele gevallen, wordt ziekte bij kleine kinderen veroorzaakt door de zonden van hun ouders.

In deze situatie, wanneer de ouders hun eigen leven onderzoeken en zich bekeren van het niet goed vervullen van hun plicht, geen vrede hebben met elkaar, en alles wat niet recht is in de ogen van God, zullen de kinderen spoedig herstellen.

We kunnen zien dat het ook Gods liefde is die deze dingen toestaat om te gebeuren. De plaag van muggen komt over ons wanneer wij vormen van zonden hebben. Dus zouden wij zelfs het kleinste ding niet moeten beschouwen als toeval, maar de zonden in ons moeten ontdekken, en ons er snel van bekeren, en ons ervan afkeren.

Hoofdstuk 4

Plagen van steekvliegen, veepest en zweren

Exodus 8:21-9:11

"De HERE deed alzo; en er kwamen steekvliegen in zwermen in het huis van Farao en van zijn dienaren en in het gehele land Egypte; het land werd geteisterd door de steekvliegen" (8:24).

"Dan zal de hand des HEREN zijn tegen uw vee, dat in het veld is, tegen de paarden, de ezels, de kamelen, de runderen en het kleinvee, – een zeer zware pest. En de HERE deed dit op de volgende dag; al het vee van de Egyptenaren stierf, maar niet één stuk van het vee der Israëlieten stierf" (9:3, 6).

"Toen namen zij roet uit een smeltoven, gingen voor Farao staan en Mozes strooide het in de lucht en er kwamen bij mens en dier zweren, die als puisten uitbraken, zodat de geleerden niet konden blijven staan voor Mozes, vanwege de zweren; want de geleerden kregen evenzeer zweren als alle Egyptenaren" (9:10-11).

De Egyptische bezweerders erkenden de kracht van God, na het zien van de plaag van de muggen. Maar Farao verhardde nog steeds zijn hart en luisterde niet naar Mozes. De kracht van God die tot nu toe werd gezien was genoeg om hem in God te laten geloven. Maar hij vertrouwde op zijn eigen kracht en autoriteit en beschouwde zichzelf als een god, en hij vreesde God niet.

De plagen continueerden, maar hij bekeerde zich niet, en verhardde zijn hart nog meer. Dus werden de plagen ook groter. Tot aan de plaag van de muggen, konden zij onmiddellijk herstellen, enkel wanneer zij zich afkeerden, maar op dit punt werd het in toenemende mate moeilijker om te herstellen.

De plaag van steekvliegen

Mozes ging naar Farao, vroeg in de morgen overeenkomstig het woord van God. Hij bracht opnieuw de boodschap van God om het volk van Israel te laten gaan.

En de HERE zeide tot Mozes: Sta vroeg in de morgen op en stel u voor Farao; zie, hij is gewoon naar het water te gaan, en gij zult tot hem zeggen: zo zegt de HERE: laat mijn volk gaan, om Mij te dienen (Exodus 8:20).

Niettemin, luisterde Farao niet naar Mozes. Dit veroorzaakte dat de plaag van de steekvliegen over hen kwam, niet alleen in het paleis van Farao en in het huis van de dienaren, maar ook over het gehele land Egypte. Het land was vol steekvliegen. Steekvliegen zijn schadelijk. Zij brengen ziektes over zoals tyfus, cholera, tuberculose, en melaatsheid. De normale huisvlieg leeft overal, zelfs op uitwerpselen en afval. Ze eten alles of het nu afval is of eten. Hun vertering is heel snel en elke vijf minuten hebben zij uitwerpsels.

Verschillende soorten van bacteriële organismen, die achterblijven op het eten van mensen of gebruiksvoorwerpen kunnen zo het menselijke lichaam binnengaan. Hun monden en poten zijn bedekt met vloeistoffen die ook bacteriele organismen bevatten. Ze zijn een van de grootste oorzaken van besmettelijke ziektes.

Vandaag hebben we vele preventieve geneesmiddelen, en er zijn niet veel ziekten meer die overgedragen worden door vliegen. Maar lang geleden, wanneer er een besmettelijke ziekte uitbrak, verloren vele mensen hun leven. Ook los van besmettelijke ziektes, wanneer vliegen op het voedsel zitten dat wij eten, dan zal het moeilijk zijn om het op te eten want het is onrein.

Niet alleen een of twee vliegen, maar talloze vliegen bedekten het gehele land Egypte. Hoe pijnlijk moet dat geweest zijn voor de mensen! Zij moeten heel erg bang geweest zijn, bij het zien van deze scènes om hen heen.

Het gehele land Egypte werd geteisterd door deze vreselijke zwermen met vliegen. Dit betekent dat de rebellie niet alleen Farao raakte maar ook alle Egyptenaren, uit gestrekt over het gehele land Egypte.

Maar om een duidelijk onderscheid te maken tussen de Israëlieten en de Egyptenaren, werden er geen vliegen gestuurd naar het land Gosen waar de Israëlieten leefden.

Gaat, offert aan uw God in dit land (Exodus 8:25).

Voordat God de eerste plaag zond, beval Hij hen om Hem een offer te geven in de wildernis, maar Farao zei dat ze maar een offer moesten brengen aan God in het land Egypte. Mozes nu weigerde dit voorstel en vertelde hem ook de reden waarom.

Het is onmogelijk zo te doen, wij zouden aan de HERE, onze God, offeren, wat de gruwel der Egyptenaren is. Wanneer wij datgene, wat de gruwel der Egyptenaren is, voor hun ogen zouden offeren, zouden zij ons dan niet stenigen? (Exodus 8:26).

Mozes ging verder met te zeggen dat zij voor drie dagen naar de wildernis zouden gaan en het bevel van God zouden volgen. Farao antwoordde en zei tot hem om niet te ver te gaan en ook voor hem te bidden.

Mozes zei tot hem dat de steekvliegen de volgende dag zouden verdwijnen, en vroeg hem om getrouw te zijn over zijn woord om het volk Israel te laten gaan.

Maar nadat de steekvliegen verdwenen na het gebed van

Mozes, veranderde Farao zijn gedachten en liet het volk Israel niet gaan. Hierdoor kunnen wij zien hoe misleidend en listig hij was. Wij kunnen ook zien waarom hij voortdurend plagen moest ondergaan.

De geestelijke betekenis van de plaag van de steekvliegen

Net zoals vliegen uit onreine plaatsen komen en besmettelijke ziektes overdragen, wanneer het hart van een mens slecht en onrein is, zal hij slechte woorden uitspreken, wat verschillende ziektes en problemen veroorzaakt, die over hem komen. Dit is de plaag van de steekvliegen.

Dit soort van plaag, wanneer het komt, komt niet alleen over die persoon alleen, maar ook over zijn vrouw/haar man en de werkomgeving.

Mattheüs 15:18-19 zegt, *"Maar wat de mond uitgaat, komt uit het hart, en dat maakt de mens onrein. Want uit het hart komen boze overleggingen, moord, echtbreuk, hoererij, diefstal, leugenachtige getuigenissen, godslasteringen."*

Alles wat in het hart van de mens is, komt naar buiten door de mond. Vanuit een goed hart, komen goede woorden naar buiten, maar vanuit een onrein hart, komen onreine woorden naar buiten. Wanneer wij leugens en sluwheid, haat en boosheid hebben zullen deze soort van woorden en daden naar buiten komen.

Laster, oordeel, veroordeling en vervloekingen komen vanuit

een slecht en onrein hart. Dat is de reden waarom Mattheüs 15:11 zegt, *"Niet wat de mond binnengaat, maakt de mens onrein, maar wat de mond uitkomt, dat maakt de mens onrein."*

Zelfs ongelovigen zeggen dingen zoals dit, "Woorden vallen als zaad," of "Eens u het water verkwist, kunt u het niet terugbrengen."

U kunt datgene wat u net gezegd hebt niet ongedaan maken. Vooral niet in het leven van een Christen, de belijdenis van de lippen is heel belangrijk. Overeenkomstig de woorden die u spreekt, of het nu positieve of negatieve zijn, het kan wel een ander resultaat aan u brengen.

Wanneer wij een gewone verkoudheid hebben of een eenvoudige besmettelijke ziekte, behoort deze tot de categorie van de plaag van de muggen. Dus wanneer wij ons onmiddellijk bekeren, kunnen wij herstellen. Maar in het geval van de plaag van de steekvliegen, kunnen wij niet onmiddellijk herstellen, zelfs niet wanneer wij ons bekeren. Daar het veroorzaakt is door grotere zonde dan in het geval van de plaag van de muggen, zullen wij de vergelding tegemoet moeten zien.

Daarom, wanneer wij getroffen worden met de plaag van de steekvliegen, moeten wij terugkijken en ons volledig bekeren van zondige woorden en dergelijke dingen. Enkel nadat wij ons bekeren kan het probleem worden opgelost.

In de Bijbel kunnen wij mensen vinden die de vergelding voor hun slechte woorden ontvingen. Dat was het geval met Mikal, een dochter van koning Saul, de vrouw van koning David. In 2 Samuël hoofdstuk 6, toen de Ark van God werd teruggebracht in de stad van David, was David zo blij dat hij voor iedereen danste.

De Ark van de Here was een symbool van Gods tegenwoordigheid. Het werd afgenomen door de Filistijnen gedurende de tijd van de richters, maar werd hersteld. Het kon niet in het tabernakel blijven en verbleef tijdelijk in Kirjat-Jearim gedurende ongeveer zeventig jaren. Nadat David op de troon zat, was hij in staat om de Ark terug te brengen naar het tabernakel in Jeruzalem. Hij was overweldigd met vreugde.

Niet alleen David, maar het gehele volk Israel verheugde zich samen en prees God. Maar Mikal, die zich ook behoorde te verheugen, samen met haar man, keek neer op de koning en verachtte hem.

Wat een eer heeft de koning van Israël zich thans verworven, dat hij zich heden ontbloot heeft ten aanschouwen van de slavinnen zijner dienaren, zoals een lichtzinnig man zich schaamteloos ontbloot! (2 Samuël 6:20).

Wat zei David hierop?

Voor het aangezicht des HEREN, die mij verkoren heeft boven uw vader en boven heel zijn huis om mij aan te stellen tot vorst over het volk des HEREN, over Israël, – voor het aangezicht des HEREN heb ik gedanst. Ja, ik zal mij nog geringer gedragen dan ik deed; ik zal onaanzienlijk zijn in eigen ogen, en bij de slavinnen van wie gij spreekt, bij haar wil ik eer verwerven (2 Samuël 6:21-22).

Omdat Mikal deze slechte woorden uitsprak, bleef zij kinderloos tot op de dag van haar dood.

Evenzo, doen mensen vele zonden met hun lippen, maar ze beseffen zelfs niet eens dat hun woorden zonden zijn. Omdat de ongerechtigheden op hun lippen zijn, dan komt er vergelding van zonden op hun werkplaatsen, bedrijven, en gezinnen, maar ze beseffen niet eens waarom. God vertelt ons ook over de belangrijkheid van woorden.

In de overtreding der lippen ligt een boze valstrik, maar de rechtvaardige ontkomt aan de benauwdheid. Van de vrucht zijns monds wordt iemand met het goede verzadigd; wat eens mensen handen volbrengen, keert weder tot hem (Spreuken 12:13-14).

Van de vrucht zijns monds zal iemand het goede eten, maar de begeerte der trouwelozen gaat uit naar geweld. Wie zijn mond in toom houdt, bewaart zijn leven; wie zijn lippen openspert, hem wacht het verderf (Spreuken 13:2-3).

> *Dood en leven zijn in de macht der tong, wie aan haar toegeeft, zal haar vrucht eten* (Spreuken 18:21).

Wij zouden moeten beseffen wat voor soort consequenties de boze woorden van onze lippen veroorzaken, zodat wij enkel nog positieve woorden zullen spreken, goede en mooie woorden, woorden van gerechtigheid en licht, en de belijdenis van het geloof.

De plaag van de pest

Zelfs na het lijden onder de plaag van de steekvliegen, verhardde Farao opnieuw zijn hart en weigerde om de Israëlieten te laten gaan. Toen stond God de plaag van de pest toe.

Ook op dat moment, zond God Mozes voordat Hij de plaag liet komen. Hij zond Mozes om Zijn wil te kennen te geven.

> *Want indien gij weigert hen te laten gaan en hen nog weerhoudt, dan zal de hand des HEREN zijn tegen uw vee, dat in het veld is, tegen de paarden, de ezels, de kamelen, de runderen en het kleinvee, – een zeer zware pest. En de HERE zal het vee van Israël afzonderen van het vee der Egyptenaren, zodat er geen stuk van het vee dat de Israëlieten bezitten, zal sterven* (Exodus 9:2-4).

Om hen te laten beseffen dat het geen toeval was, maar een plaag gebracht door de kracht van God, zette Hij er een definitieve tijd op, zeggende, "Morgen, zal de Here dit doen in het land." Op deze manier gaf Hij hen nog een kans om zich te bekeren.

Als hij de kracht van God zelfs maar een klein beetje had erkent, zou Farao zijn gedachten veranderd hebben, en niet meer geleden hebben onder de plagen.

Maar hij veranderde zijn gedachten niet. Als gevolg, kwam de pest over hen, en het vee wat in het veld was – de paarden, ezels, kamelen, de runderen, en de schapen – stierven.

Integendeel, stierf geen enkel stuk kleinvee van de Israëlieten. God liet hen beseffen dat God leeft en Zijn woord vervuld. Farao kende dit feit maar al te goed, maar toch verhardde hij zijn hart en veranderde zijn gedachten niet.

De Geestelijke betekenis van de plaag van de pest

Pest is een ziekte die zich snel verspreid en veel mensen of dieren dood. Nu stierf al het kleinvee van Egypte, en kunt u zich voorstellen hoeveel schade dat bracht.

Bijvoorbeeld, de Zwarte Dood of de Builenpest, welke in Europa uitbrak in de veertiende eeuw, was eigenlijk een epidemie die kwam onder dieren zoals eekhoorns en ratten. Maar het verspreidde zich ook onder mensen door vlooien, en veroorzaakte vele doden. Omdat het zo besmettelijk was en de medische wetenschap nog niet zo ontwikkeld was als nu, kostte het vele mensenlevens.

Het vee zoals kuddes van kleinvee en paarden, en de schapen en geiten waren een groot deel van de rijkdom van de mensen. Dus, symboliseert het kleinvee, de bezittingen van farao, de ministers en de mensen. Kleinvee zijn levende dingen, en in hedendaagse termen, verwijst het naar onze familieleden, collega's en vrienden die in ons huis, werkplaats of bedrijf verblijven.

De oorzaak van de pest op het vee van Egypte was de goddeloosheid van Farao. Vandaar, dat de geestelijke betekenis van de plaag van de pest is dat de ziektes zullen komen over onze familieleden wanneer wij zonden opstapelen en God Zijn aangezicht afkeert.

Bijvoorbeeld, wanneer ouders ongehoorzaam zijn aan God, kunnen hun geliefde kinderen een ziekte krijgen, die moeilijk te genezen is. Of, vanwege de goddeloosheid van de man, wordt zijn vrouw ziek. Wanneer deze soort plaag over ons komt, moeten wij niet alleen kijken naar onszelf, maar ook alle gezinsleden zouden zich samen moeten bekeren.

Vanaf Exodus 20:4, zegt het dat de vergelding van afgoderij neerkomt op het derde en vierde geslacht.

Natuurlijk zal de God van liefde niet in alle gevallen straffen. Wanneer de kinderen goed van hart zijn, God aannemen en in geloof leven, zullen zij geen enkele plaag ontvangen veroorzaakt door de zonden van hun ouders.

Maar wanneer de kinderen meer zonde op zonde stapelen, die zij geërfd hebben van hun ouders, zullen zij de gevolgen van de zonden zien. In vele gevallen, worden vele van die kinderen die geboren zijn in gezinnen die afgoden aanbidden, geboren met aangeboren afwijkingen of mentale stoornissen.

Sommige mensen hebben een geluksbeeldje hangen aan de muren van hun huis. Anderen aanbidden de afgoden van Boeddha. Weer anderen plaatsen hun namen in Boeddhistische tempels. In dit soort van serieuze afgoderij, zelfs wanneer zijzelf niet lijden onder de plagen, zullen hun kinderen problemen hebben.

Daarom zouden de ouders altijd in de waarheid moeten blijven zodat hun zonden niet neerkomen op hun kinderen. Wanneer een van de gezinsleden een ziekte krijgt die moeilijk te genezen is, moeten zij nagaan of het al dan niet veroorzaakt wordt door hun zonden.

Plagen van zweren

Farao keek toe op de dood van het vee van Egypte en zond iemand uit om te controleren wat er in het land van Gosen gebeurde, waar de Israëlieten leefden. In tegenstelling tot alle andere landen van Egypte, stierf geen enkel stuk vee in Gosen.

Zelfs na de ervaring van het niet te ontkennen werk van God, keerde Farao niet tot Hem.

Toen zond Farao heen en zie, van het vee der Israëlieten was zelfs niet één stuk gestorven. Toch bleef het hart van Farao onvermurwbaar en liet hij het volk niet gaan (Exodus 9:7).

Uiteindelijk zei God tot Mozes en Aaron om hun handen vol roet te nemen vanuit de smeltoven, en dat Mozes het in aanschouwen van Farao in de lucht moest gooien. Toen zij dat deden wat God hun had geboden, braken er zweren uit met puisten onder de mensen en dieren.

Een zweer is een lokale zwelling en ontsteking van de huid, als gevolg van een infectie van een haarzakje en aangrenzend weefsel, die een harde kern heeft, en etter vormt.

In een ernstig geval, moet iemand ervan geopereerd wordt. Sommige zweren zijn groter dan 10 cm doorsnee. Het zwelt en veroorzaakt hoge koorts en vermoeidheid, sommige mensen kunnen zelfs niet goed wandelen. Het is iets heel pijnlijks.

Deze zweren waren op mensen en dieren, en zelfs de bezweerders konden niet voor Mozes staan vanwege de zweren.

In het geval van de pest, stierf alleen het vee. Maar in het geval van de zweren, leden niet alleen de dieren maar ook de mensen.

De geestelijke betekenis van de plaag van zweren

Pest is een inwendige ziekte, maar de zweer wordt uitwendig gezien, wanneer iets inwendigs heel ernstig is geworden.

Bijvoorbeeld, een kleine kankercel groeit en uiteindelijk, wordt het zichtbaar aan de buitenkant. Het is ook zo met hersenberoerte of verlamming, longziektes en AIDS. Deze ziektes worden normaal gesproken gevonden in die mensen die een koppig karakter hebben. Het kan in elk geval anders zijn, maar velen van hen zijn opvliegend, arrogant, anderen niet vergevend en denken dat zij zelf de beste zijn. Zij blijven ook alleen vasthouden aan hun meningen en negeren die van anderen. Het komt allemaal door gebrek aan liefde. De plagen worden mede door deze redenen veroorzaakt.

We vragen ons soms af, "Hij ziet er heel vriendelijk en goed uit, en waarom lijdt hij dan aan zo'n ziekte?" Maar ook al ziet iemand er vriendelijk uit aan de buitenkant, kan hij toch niet zo zijn in de ogen van God.

Als hijzelf niet koppig is, dan komt het waarschijnlijk door de grote zonde die zijn voorvaderen hebben gedaan (Exodus 20:5).

Wanneer de plaag komt door een familielid, dan zal het probleem opgelost worden wanneer alle familieleden zich samen bekeren. Hierdoor, wanneer zij een vredevolle en mooie familie worden, wordt het een zegen voor hen.

God beheerst het leven, de dood, het geluk en ongeluk van mensen binnen zijn gerechtigheid. Dus, geen enkele plaag of ramp komt zonder reden (Deuteronomium 28).

Ook, wanneer zelfs de kinderen lijden vanwege de zonden van hun ouders of voorvaderen, is de fundamentele oorzaak toch bij de kinderen zelf. Zelfs wanneer de ouders afgoden aanbidden, als de kinderen door het woord van God leven, zal God hen beschermen, zodat geen enkele plaag op hen komt.

De vergelding van de zonden van de voorvaderen die afgoderij deden, of dat van de ouders komt op de kinderen, omdat de kinderen zelf niet leven door het woord van God. Wanneer zij in de waarheid leven, zal de God van gerechtigheid hen beschermen, zodat er geen enkel probleem is.

Omdat God liefde is, beschouwt Hij een ziel belangrijker dan de hele wereld. Hij wil dat ieder persoon redding bereikt, in de waarheid leeft, en de overwinning behaalt in zijn leven.

God staat plagen over ons toe, niet om ons in de vernietiging te brengen, maar om ons te leiden tot bekering van onze zonden en ons ervan af te keren overeenkomstig Zijn liefde.

De plagen van bloed, kikvorsen en muggen worden veroorzaakt door de werken van Satan, en zijn relatief klein. Dus wanneer wij ons bekeren en afkeren, kunnen zij gemakkelijk worden opgelost.

Maar de plagen van steekvliegen, pest en zweren zijn veel ernstiger, en zij raken direct ons lichaam aan. Dus, in deze gevallen, moeten wij ons hart verscheuren en ons volledig bekeren.

Wanneer wij onder een van deze plagen lijden, zouden wij niemand anders moeten beschuldigen. In plaats daarvan zouden wij wijs genoeg moeten zijn om onszelf te weerspiegelen aan het woord van God en ons te bekeren van alles wat niet goed is in de ogen van God.

Hoofdstuk 5

Plagen van hagel en sprinkhanen

Exodus 9:23-10:20

Toen strekte Mozes zijn staf uit naar de hemel, en de Here liet het donderen en hagelen, vuur schoot naar de aarde, en de Here deed het hagelen over het land Egypte. En terwijl er vuur door de hagelbuien heen flikkerde, hagelde het zo buitengewoon zwaar als nooit tevoren in het gehele land der Egyptenaren, sinds zij tot een volk geworden waren (9:23-24).

Toen strekte Mozes zijn staf over het land Egypte uit, en de Here bracht een oostenwind over het land, gedurende die gehele dag en gehele nacht, en toen het morgen geworden was, voerde de oostenwind de sprinkhanen mee. Zo kwamen de sprinkhanen op over het gehele land Egypte en streken in het gehele gebied van Egypte in massa neer; nooit tevoren was er zulk een sprinkhanenzwerm geweest en nooit nadien zal er meer zo een zijn (10:13-14).

De ouders die echt van hun kinderen houden zullen niet weigeren om hun kinderen te disciplineren of te slaan. Het is het verlangen van de ouders om hun kinderen te leiden tot het doen wat goed is.

Wanneer de kinderen niet luisteren naar de uitbrander van hun ouders, moeten zij soms de stok gebruiken zodat de kinderen het blijven herinneren. Maar de pijn in het hart van de ouders is groter dan de fysieke pijn van de kinderen.

De God van liefde keert soms ook Zijn aangezicht weg om een plaag of problemen toe te staan, zodat Zijn geliefde kinderen zich kunnen bekeren en er van afkeren.

De plaag van hagel

God had een grotere plaag kunnen zenden vanaf het begin om Farao tot onderwerping te brengen. Maar God is geduldig; Hij heeft het gedurende een lange tijd verdragen. Hij heeft Zijn kracht laten zien, en Farao en zijn volk geleid om God te erkennen, door kleine plagen te zenden in het begin.

Reeds nu had Ik mijn hand kunnen uitstrekken om u en uw volk met de pest te slaan en zoudt gij van de aarde weggevaagd zijn; doch hierom laat Ik u bestaan, om u mijn kracht te tonen, opdat men mijn naam verkondige op de gehele aarde. Nog steeds verzet gij u tegen mijn volk, zodat gij het niet laat

> *gaan. Zie, Ik zal het morgen om deze tijd zeer zwaar laten hagelen, zoals in Egypte nog niet gebeurd is van de dag af, dat het gegrondvest* werd, tot nu toe (Exodus 9:15-18).

De plagen werden groter en groter, maar Farao bleef zichzelf verhogen tegen de Israëlieten door hen niet te laten gaan. Nu stond God de zevende plaag toe, de plaag van hagel.

God liet Farao door Mozes weten dat er zware hagel zou komen zoals Egypte nooit eerder had gezien, sinds de dag, dat het gegrondvest werd. En God gaf de kans aan de mensen en de dieren om binnen te schuilen. Hij waarschuwde hen van tevoren, dat wanneer mensen of dieren buiten zouden blijven, zij zouden sterven vanwege de hagel.

Sommige dienaren van Farao vreesden het woord van de HERE en lieten hun dienstknechten en vee vluchten om te schuilen in hun huizen. Maar vele anderen vreesden het woord van God niet, en het kon hen niets schelen.

> *Maar wie geen acht sloeg op het woord des Heren, liet zijn knechten en zijn kudde op het veld blijven* (Exodus 9:21).

De volgende dag strekte Mozes zijn staf op in de lucht, en God zond donder en hagel. Vuur kwam neer op de aarde. Het moet mensen, dieren, bomen en de gewassen in het veld echt verwoest hebben. Hoe groot was de plaag!

Maar Exodus 9:31-32 zegt, *"Het vlas en de gerst nu waren neergeslagen, want de gerst stond in de aar en het vlas was in de bloei. Maar de tarwe en de spelt waren niet neergeslagen, want die komen later."* Dus de schade was gedeeltelijk.

Het gehele land Egypte leed grote schade, vanwege de hagel met vuur, maar niets hiervan gebeurde in het land Gosen.

De geestelijke betekenis van de plaag van hagel

Normaal, valt hagel neer zonder het op te merken. Het valt normaal niet neer op een groot gebied, maar relatief op kleine lokale gebieden.

Dus symboliseert de plaag van hagel, enkele grote dingen die in één deel gebeuren, maar niet in alle aspecten.

Er was hagel met vuur om mensen en dieren te doden. De gewassen in het veld werden vernield, en er was geen eten. Dit is een geval van grote schade aan iemands weelde ten gevolge van een onverwachtse ramp.

Iemand kan groot verlies lijden mede door vuur in zijn werkplaats of bedrijf. Iemands gezinsleden hebben misschien een ziekte of raken betrokken bij een ongeval en het kan wel een kapitaal kosten om er voor te zorgen.

Neem bijvoorbeeld een persoon die getrouw is aan de Here, maar zich zoveel begint te concentreren op zijn bedrijf dat hij een paar keer een zondagsdienst overslaat. Uiteindelijk onderhoudt hij de Dag des Heren helemaal niet meer.

Vanwege dit, kan God hem niet beschermen, en ondergaat hij moeilijkheden in zijn bedrijf. Hij kan ook een onverwachts ongeval of ziekte krijgen, en het kost hem een fortuin. Dit soort van geval is als de plaag van hagel.

De meeste mensen beschouwen hun fortuin, geluk net zo kostbaar als hun leven. In 1 Timoteüs 6:10 staat dat de liefde voor geld de wortel van alle kwaad is. De begeerte naar geld resulteert in moord, stelen, ontvoering, geweld en vele andere soorten van misdaden. Soms worden relaties tussen broeders verbroken, en geschillen vinden plaats tussen buren vanwege geld. De hoofd reden van gevechten tussen landen is ook vanwege materiële voordelen, omdat ze land en bronnen zoeken.

Zelfs sommige gelovigen kunnen de verleiding van geld niet overwinnen, dus onderhouden zij de Dag des Heren niet als heilig, of geven geen goede tienden. Daar zij geen gedegen christelijk leven leiden, worden zij verder verwijderd van redding.

Net zoals hagel het meeste voedsel vernietigde, symboliseert de plaag van hagel grote schade aan de rijkdom van mensen die het net zo kostbaar achten als hun eigen leven. Maar, omdat hagel alleen op een bepaald gebieden valt, verliezen ze niet hun gehele fortuin.

Door dit feit, kunnen wij de liefde van God ook voelen. Wanneer wij ons fortuin geheel verliezen, alles wat wij hebben, dan zouden we kunnen opgeven en zelfs zelfmoord kunnen plegen. Dat is de reden waarom God eerst een gedeelte raakt.

Ondanks dat het slechts een gedeelte is, is de omvang groot en veel betekenend dat we tenslotte wel tot enige vorm van realisatie mogen komen. Vooral de hagel die op Egypte viel, waren niet zomaar kleine stukjes ijs. Het was redelijke grote, en de snelheid was ook heel snel.

Zelfs vandaag rapporteert het nieuws dat de hagel zo groot als een golfbal, alarm veroorzaakt en vele mensen verrast. De hagel die op Egypte viel kwam door het bijzondere werk van God, en het viel ook neer met vuur. Het was een hele angstaanjagende gebeurtenis.

De plaag van hagel kwam over hen omdat Farao zonde op zonde stapelde. Wanneer wij verhardde en koppige harten hebben, dan kunnen we dezelfde soort plaag ondergaan.

De plaag van sprinkhanen

De bomen en planten waren beschadigd, en de dieren en zelfs mensen stierven vanwege de hagel. Farao erkende uiteindelijk zijn zonden.

> *Toen liet Farao Mozes en Aaron ontbieden en zeide tot hen: "Ik heb ditmaal gezondigd, de Here is rechtvaardig, maar ik en mijn volk zijn schuldig"* (Exodus 9:27).

Farao bekeerde zich op een snelle wijze en vroeg Mozes om de hagel te stoppen.

Bidt tot de Here; de donderslagen Gods en de hagel zijn te erg. Dan zal ik u laten gaan, gij behoeft niet langer te blijven (Exodus 9:28).

Mozes wist dat Farao nog steeds niet van gedachte was veranderd, maar om hem de levende God te laten erkennen en hem te laten weten dat de hele wereld in Zijn hand is, hief hij zijn handen omhoog naar de hemel.

En net zoals Mozes verwachtte, zodra de regen, donder en hagel stopten, veranderde Farao zijn gedachten. Omdat hij zich niet vanuit het diepst van zijn hart bekeerde, verhardde hij opnieuw zijn hart en liet de Israëlieten niet gaan.

De dienaren van Farao verhardden ook hun harten. Toen vertelden Mozes en Aaron hen dat er een sprinkhanenplaag zou komen, zoals God had gezegd, en waarschuwden hen dat het één van de grootste plagen zou zijn die de wereld ooit heeft gezien.

Zij zullen de oppervlakte van het land bedekken, zodat men het land niet zal kunnen zien (Exodus 10:5).

Toen alleen vreesden de dienstknechten van Farao en zeiden tot hun koning, *"Laat hen gaan, om de Here, hun God te dienen. Beseft gij niet dat Egypte ten gronde gaat?"* (Exodus 10:7).

Op het woord van zijn dienstknechten, riep Farao Mozes en Aaron opnieuw. Maar Mozes zei dat zij zouden gaan met hun jongens en grijsaards; met hun zonen en hun dochters, met hun kudden en vee, want zij moesten feest vieren voor de Here. Farao zei dat Mozes en Aäron slecht waren en joeg hen weg van hem.

Uiteindelijk stond God de achtste plaag toe, de plaag van sprinkhanen.

Daarna zeide de Here tot Mozes: "Strek uw hand uit over het land Egypte, om de sprinkhanen, en zij zullen over het land Egypte opkomen en al het kruid des lands afvreten, alles wat de hagel heeft overgelaten" (Exodus 10:12).

Toen Mozes deed wat God had gezegd, bracht God een oostenwind over het land, gedurende die gehele dag en de gehele nacht; en toen het morgen geworden was, voerde de oostenwind de sprinkhanen mede.

De sprinkhanen waren zoveel dat het land donker werd. Zij aten alle planten van Egypte die de hagel had overgelaten op, en in Egypte was geen groen meer.

Ik heb gezondigd tegen de Here, uw God, en tegen u. Nu dan, vergeef toch nog ditmaal mijn zonden en bid de Here, uw God, dat Hij althans deze dood van mij doe wijken (Exodus 10:16-17).

Toen hij zijn zorgen besefte, riep Farao snel Mozes en Aaron om te vragen de plaag te stoppen. Toen ging Mozes uit en bad tot God, er kwam een sterke westenwind en alle sprinkhanen gingen in de Rode Zee. En er waren geen sprinkhanen meer in het land Egypte. Maar zelfs nu, verhardde Farao zijn hart en liet de Israëlieten niet gaan.

De geestelijke betekenis van de plaag van de sprinkhanen

Een enkele sprinkhaan is maar een klein insect, maar wanneer het een zwerm is in een grote groep, is het rampzalig. In een ogenblik, werd bijna geheel Egypte vernietigd door de sprinkhanen.

Zo kwamen de sprinkhanen op over het gehele gebied van Egypte en streken in het gehele gebied van Egypte in massa neer; nooit tevoren was er zulk een sprinkhanenzwerm geweest en nooit nadien zal er meer zo een zijn. Zij bedekten de gehele oppervlakte van het land, zodat het land erdoor verdonkerd werd en zij vraten al het veldgewas af en alle vruchten van de bomen, die de hagel had overgelaten, zodat er geen groen meer overbleef aan boom of veldgewas in het gehele land Egypte (Exodus 10:14-15).

Zelfs vandaag, kunnen we zulke zwermen terugvinden in Afrika of India. De sprinkhanen verspreiden zich tot 40 km in breedte en 8 km in diepte. Honderd miljoenen van hen komen als een wolk en eten niet alleen de oogst, maar ook alle planten en bladeren op; zij laten geen groen blad meer achter.

Na de plaag van hagel, waren er nog dingen over. De tarwe en de spelt waren niet vernietigd, omdat zij later tot bloei komen. Ook enkele dienstknechten van Farao die het woord van God vreesden, lieten hun dienstknechten en vee in de huizen vluchten, en zij werden niet vernietigd.

Sprinkhanen zien er misschien niet imposant uit, maar de schade die zij brengen is veel groter dan die van de plaag van hagel. Zij eten zelfs alle dingen op die overgebleven zijn.

Daarom verwijst de plaag van de sprinkhanen naar het soort van ramp die niets meer nalaat, het neemt al iemands rijkdom en bezittingen weg. Het vernietigt niet alleen de familie, maar ook de werkplekken en bedrijven.

In tegenstelling tot de plaag van hagel die maar een gedeeltelijke schade veroorzaakt, vernietigt de plaag van de sprinkhanen alles en neemt al het geld weg. Met andere woorden, iemand zal financieel volledig verwoest zijn.

Bijvoorbeeld, mede door faillissement, verliest iemand al zijn rijkdom, en hij moet zichzelf afscheiden van zijn gezinsleden. Iemand kan ook lijden onder een langdurige ziekte en al zijn rijkdom verliezen. Iemand anders kan een grote schuld krijgen omdat zijn kinderen de verkeerde weg opgaan.

Wanneer zij voortdurend rampen ondergaan, denken sommige mensen misschien dat het toeval is, maar er is geen toeval in de ogen van God. Wanneer iemand schade lijdt of ziek wordt, moet er een reden voor zijn.

Wat betekent het wanneer gelovigen deze soort van rampen ondergaan? Wanneer zij het woord van God horen en de wil van God leren kennen, moeten zij het woord onderhouden. Maar wanneer zij verder blijven handelen als ongelovigen, kunnen zij niet ontkomen aan deze plagen.

Wanneer zij niet tot besef komen nadat God hen verschillende keren tekenen heeft laten zien, zal God Zijn aangezicht van hen afkeren. Dan kan een ziekte zich ontwikkelen in een pest of zweren kunnen uitbarsten. Later, zullen zij plagen ondergaan zoals de plaag van hagel of sprinkhanen.

Maar de wijzen zullen begrijpen dat het de liefde van God is die het toestaat om hen tot besef van hun zonden te brengen wanneer zij kleine rampen ondergaan. Zij zullen zich snel bekeren en grote plagen voorkomen.

Er is een waar gebeurt verhaal. Een persoon leed onder grote moeilijkheden omdat hij eens God boos had gemaakt. Op een dag, mede door vuur, kreeg hij een grote financiële schuld. Zijn vrouw kon niet langer de druk verdragen van de schuldeisers en deed een poging tot zelfmoord. In die tijd, leerden zij echter God kennen en begonnen naar de kerk te komen.

Nadat zij op counseling kwamen bij mij, gehoorzaamden zij het woord van God met gebed. Zij behaagden God door vrijwilligerswerk te doen in de kerk. Toen werden hun problemen, een voor een opgelost, en leden zij niet meer onder de schuldeisers. Bovendien, betaalden zij al hun schulden af. Zij waren zelfs in staat om een winkel te bouwen en een huis te kopen.

Nadat al hun moeilijkheden waren opgelost, ontvingen zij zegeningen, zij veranderden echter hun harten. Zij verlieten de genade van God en werden opnieuw ongelovigen.

Op een dag, stortte een deel van het gebouw in waarvan hij eigenaar was, door een overstroming. Er was opnieuw vuur, en hij verloor financieel alles. Hij kreeg dus opnieuw een grote schuld, en zij moesten terug keren naar hun geboorteplaats in het platteland. Maar hij had ook diabetes en alle bijbehorende complicaties.

Zoals in dit geval, wanneer wij niets over hebben nadat wij alles geprobeerd hebben met onze kennis en wijsheid, moeten wij tot God komen met een nederig hart. Wanneer wij onszelf weerspiegelen met het woord van God, ons bekeren van onze zonden, en afkeren, zullen de voorgaande dingen worden hersteld.

Wanneer wij het geloof hebben om tot God te komen en alle dingen in Gods handen geven, zal de liefde van God die het geknakte riet niet verbreekt, ons vergeven en herstellen. Wanneer wij ons omkeren en in het licht leven, zal God ons opnieuw leiden tot voorspoed, en ons grotere zegeningen geven.

Hoofdstuk 6

Plagen van duisternis en de dood van de eerstgeborenen

Exodus 10:22-12:36

En Mozes strekte zijn hand uit naar de hemel, en er was gedurende drie dagen een dikke duisternis in het gehele land Egypte. Gedurende drie dagen kon niemand een ander zien, noch van zijn plaats opstaan; maar alle Israëlieten hadden licht, waar zij woonden (10:22-23). En te middennacht sloeg de Here iedere eerstgeborene in het land Egypte, van de eerstgeborene van Farao, die op zijn troon zou zitten, tot de eerstgeborene van de gevangene, die in de kerker was, benevens alle eerstgeborenen van het vee. En Farao stond des nachts op, hij en al zijn dienaren en alle Egyptenaren; en er was een luid gejammer in Egypte, want er was geen huis, waarin geen dode was (12:29-30).

In de Bijbel kunnen wij zien dat wanneer zij moeilijkheden ondervinden, vele mensen zich tot God bekeerden en Zijn hulp ontvingen.

God zond Zijn profeet naar koning Hizkia van het koninkrijk van Juda en zei, "U zult sterven en niet leven." Maar de koning bad ernstig met tranen, en zijn leven werd verlengd.

Nineve was de hoofdstad van Assyrië, welke een vijandig land was voor Israel. Toen de mensen het woord van God hoorden door Zijn profeet, bekeerden zij zich volledig van hun zonden en werden niet vernietigd.

Evenzo, geeft God genade aan degene die terugkeren. Hij zoekt degene die Zijn genade zoeken en geeft hen meer genade.

Farao leed onder verschillende plagen, mede door zijn zonde, maar hij keerde zich tot het einde toe niet om. Te meer hij zijn hart verhardde, des te groter de plagen werden.

De plaag van duisternis

Sommige mensen zeggen dat zij nooit zouden leven als zij verliezen. Ze geloven in hun eigen kracht. Farao was dit soort van persoon. Hij beschouwde zichzelf als zijnde een god, en daarom wilde hij God niet erkennen.

Zelfs na het zien dat het gehele land Egypte werd vernietigd, liet hij de Israëlieten niet gaan. Hij handelde alsof hij in competitie was met God. Toen stond God de plaag van duisternis toe.

En Mozes strekte zijn hand uit naar de hemel, en er was gedurende drie dagen een dikke duisternis in het gehele land Egypte. Gedurende drie dagen kon niemand een ander zien, noch van zijn plaats opstaan; maar alle Israëlieten hadden licht, waar zij woonden (Exodus 10:22-23).

De duisternis was zo dik dat ze elkaar niet konden zien. Niemand stond op en bewoog van de plaats waar hij was, gedurende drie dagen. Hoe kunnen wij ten diepste uitdrukking geven van de angst en het ongemak waar zij gedurende die drie dagen doorheen gingen?

De dikke duisternis bedekte het gehele land Egypte en de mensen moesten in blindheid wandelen, maar in het land Gosen, hadden de zonen van Israel licht in hun verblijfplaatsen.

Farao liet Mozes roepen en zei dat hij de Israëlieten zou laten gaan. Maar hij zei Mozes om de kudde en het vee achter te laten, en alleen maar de zonen en dochters mee te nemen. Het was eigenlijk zijn intentie om de Israëlieten tegen te houden.

Maar Mozes zei dat ze hun dieren aan God moesten offeren, en zij niet konden vertrekken omdat ze niet zouden weten welke ze aan God moeten offeren.

Opnieuw werd Farao boos en bedreigde zelfs Mozes zeggende, "Zorg ervoor dat ik uw aangezicht niet meer zie, want op de dag dat gij mijn aangezicht ziet, zult gij sterven!"

Mozes antwoordde vrijmoedig, "U hebt gelijk; ik zal uw

aangezicht niet meer opnieuw zien!" en hij ging weg.

De geestelijke betekenis van de plaag van duisternis

De geestelijke betekenis van de plaag van duisternis is geestelijke duisternis, en het verwijst naar de plaag vlak voor de dood. Het is een geval waarbij een ziekte zo ernstig is geworden dat de persoon niet meer kan genezen. Dat is de soort van plaag die komt op degene die zich niet bekeren zelfs niet na het verliezen van al hun rijkdom die gelijk staat aan hun leven.

Staande op het randje van de dood, is net zoals het staan op de rand van een steile rots in volkomen duisternis en geen enkele uitweg hebben van de netelige moeilijke situatie. Geestelijk, is Gods genade weggenomen van hem, omdat hij God verlaten heeft en zijn geloof volkomen heeft verlaten, en zijn geestelijke leven komt tot een einde. Maar God, heeft nog steeds Zijn bewogenheid over hem en heeft zijn leven niet verlaten.

In het geval van een ongelovige, kan een persoon een soort situatie ondergaan, omdat hij God nog niet heeft aangenomen, zelfs niet na het lijden onder enige ramp. In het geval van gelovigen, komt het omdat ze het woord van God niet gehouden hebben, maar zonde op zonde hebben gestapeld.

We zien vaak dat mensen hun fortuin gespendeerd hebben

aan de genezing van hun ziektes maar nog steeds aan het wachten zijn op de dood. Dat zijn degene die geslagen zijn met de plaag van duisternis.

Zij lijden ook onder neurotische problemen zoals depressie, slapeloosheid en zenuwinzinking. Ze voelen hulpeloze situaties die dagelijks in hun leven blijven bestaan.

Wanneer zij beseffen, zich ervan bekeren, en zich afkeren van hun zonden, heeft God hen genade en neemt de rampzalige wanhoop van hen weg.

Maar in het geval van Farao, hij verhardde zijn hart zelfs meer om op te staan tegen God tot het einde. Zo is het ook vandaag. Sommige koppige mensen komen niet tot God, ongeacht de moeilijkheden waarin ze zich bevinden. Wanneer zij of hun gezinsleden worden getroffen door een ernstige ziekte, al hun fortuin verliezen, en hun leven nu in gevaar is, willen zij zich niet bekeren voor God.

Wanneer wij voortdurend blijven opstaan tegen God zelfs te midden van vele rampen, zal uiteindelijk de plaag van dood komen.

De plaag van de dood van de eerstgeborene

God liet Mozes weten wat er vervolgens zou gebeuren in de Exodus.

Plagen van duisternis en de dood van de eerstgeborenen · 85

Nog een plaag zal Ik over Farao en over Egypte brengen, daarna zal hij u in uw geheel van hier laten gaan; wanneer hij u laat gaan, zal hij u met geweld vanhier wegdrijven. Spreek toch ten aanhoren van het volk, dat ieder van zijn buurman, en iedere vrouw van haar buurvrouw zilveren en gouden voorwerpen vrage (Exodus 11:1-2).

Mozes was in een situatie waarin hij zelfs gedood kon worden als hij opnieuw tot Farao zou komen, maar hij stond voor Farao en gaf de wil van God door.

Dan zal iedere eerstgeborene in het land Egypte sterven, van de eerstgeborene van Farao, die op zijn troon zou zitten, tot de eerst geborene van de slavin achter de handmolen, ook alle eerstgeborenen van het vee. En er zal een luid gejammer zijn in het gehele land Egypte, zoals er nooit is geweest en zoals er nooit meer zal zijn (Exodus 11:5-6).

Zoals gesproken werd, stierven in de nacht niet alleen de eerstgeborene van Farao en al zijn dienstknechten, maar van iedereen in Egypte, en ook al het vee stierf.

Er was een luid gejammer in Egypte, want er was geen huis waarin de eerstgeborene niet gestorven was. Omdat Farao zijn hart tot het einde toe verhardde en niet veranderde, kwam de plaag van dood zelfs op hen.

De geestelijke betekenis van de plaag van dood van de eerstgeborenen

De plaag van de dood van de eerst geborenen verwijst naar een situatie waarin een persoon zelf, of zijn meest geliefde, mogelijk zijn kind, of iemand van zijn familieleden, sterft, of op een pad van volledige vernietiging komt en niet in staat is om redding te ontvangen.

We kunnen dit soort geval ook in de Bijbel zien. De eerste koning van Israel, Saul was ongehoorzaam aan het woord van God, die hem had gezegd om alles in Amalek te vernietigen. Hij liet ook zijn arrogantie zien door zelf een offer aan God te brengen, welke alleen de priesters konden brengen. Uiteindelijk werd hij door God verlaten.

In dit soort van situatie, probeert hij zijn getrouwe dienstknecht David te doden eerder dan zijn zonden te erkennen en zich te bekeren. Wanneer de mensen David volgden, viel hij dieper en dieper in zijn slechte gedachten dat David tegen hem zou rebelleren.

Dus, zelfs wanneer David de harp voor hem bespeelde, wierp Saul een speer om David te doden. Hij zond David ook in de strijd welke voor hem onmogelijk was om deze te winnen. Hij zond zelfs zijn soldaten naar Davids huis om hem te doden.

Bovendien, alleen maar omdat zij David hielpen, doodde hij de priesters van God. Hij stapelde zijn zondige daden op. Uiteindelijk verloor hij een strijd en stierf een ellendige dood.

Door zijn eigen hand, doodde hij zichzelf.

Hoe staat het dan met de priester Eli en zijn zonen? Eli was een priester in Israel ten tijde van de richters, en moest een goed voorbeeld zijn. Maar zijn zonen Chofni en Pinenas waren nietswaardige mensen die God niet kenden (1 Samuël 2:12).

Omdat hun vader een priester was, moesten zij ook het werk doen van het dienen van God, maar zij verachtten de offers van God. Zij raakten het vlees van het offer aan, voordat het aan God geofferd was, en lagen zelfs neer met de vrouwen die dienst deden bij de ingang van de samenkomst.

Wanneer de kinderen de verkeerde weg opgaan, moeten de ouders hen waarschuwen, en wanneer zij niet luisteren, moeten de ouders strengere regels toepassen om hun kinderen te stoppen. Het is de plicht en ware liefde van de ouders. Maar de priester Eli zei alleen maar, "Waarom doen jullie zulke dingen? Nee."

Zijn zonen keerden niet weg van hun zonden, en er kwamen vloeken over zijn familie. Zijn twee zonen werden in een strijd gedood.

Terwijl Eli dit nieuws hoorde, viel hij van de stoel, brak zijn nek en stierf. Ook, zijn schoondochter was in shock en weeën overvielen haar en ze stierf uiteindelijk.

Enkel bij het zien van deze gevallen, kunnen wij begrijpen dat vloeken of tragische dood niet zomaar zonder reden komen.

Wanneer iemand een leven van ongehoorzaamheid leeft tegen Gods woorden, zal hij of iemand van zijn familieleden de dood ondergaan. Sommige mensen komen terug tot God, enkel na het zien van zo'n dood. Wanneer zij zich niet omkeren, zelfs niet na het ondergaan van de plaag van de dood van de eerstgeborenen, kunnen zij niet voor eeuwig gered worden, en dat is de grootste plaag. Daarom, voordat er enige plaag komt, en wanneer er al plagen zijn gekomen, moet u zich bekeren van uw zonden voordat het te laat is.

In het geval van Farao, enkel na het lijden onder de tien plagen, erkende hij God met vrees en liet het volk Israel gaan.

Toen ontbood hij (Farao) des nachts Mozes en Aaron en zeide: "Maakt u gereed, gaat weg uit het midden van mijn volk, zowel gij als de Israëlieten; gaat, dient de Here, zoals gij gezegd hebt. Neemt ook uw kleinvee en uw runderen mee, zoals gij gezegd hebt; maar gaat! En wilt ook mij zegenen" (Exodus 12:31-32).

Door de Tien plagen, toonde Farao duidelijk zijn verhardde hart en werd gedwongen om de Israëlieten te laten gaan. Maar hij had er snel spijt over. Hij veranderde opnieuw zijn gedachten. Hij nam zijn gehele leger en de wagens van Egypte en ging de Israëlieten achterna.

Daarop spande hij zijn wagen aan, en nam zijn volk

met zich. Hij nam zeshonderd uitgelezen wagens, ja, al de wagens van Egypte, alle volledig bemand. Zo verhardde de Here het hart van Farao, de koning van Egypte, zodat hij de Israëlieten achtervolgde. Maar de Israëlieten zetten hun uittocht voort, door een verheven hand geleid (Exodus 14:6-8).

Het was goed genoeg zich te onderwerpen aan God na zijn ervaring met de dood van de eerstgeborenen, maar spoedig had hij spijt dat hij de Israëlieten had laten gaan. Hij nam zijn leger en ging hen achterna. Door dit te zien, kunnen wij beseffen hoe verhard en listig het hart van de mens kan zijn. Uiteindelijk vergaf God hem niet en had geen andere keuze dan hem te laten sterven in het water van de Rode Zee.

Toen zeide de Here tot Mozes: Strek uw hand uit over de zee, opdat de wateren terugvloeien over de Egyptenaren, over hun wagens en ruiters. En Mozes strekte zijn hand over de zee en tegen het aanbreken van de morgen, vloeide de zee terug in haar bedding, terwijl de Egyptenaren haar tegemoet vluchtten, zo dreef de Here de Egyptenaren midden in de zee. De wateren vloeiden terug en bedekten de wagens en de ruiters van de gehele legermacht van Farao, die hen in de zee achterna getrokken waren; er bleef van hen niet een over (Exodus 14:26-28).

Zelfs vandaag de dag, zullen slechte mensen smeken om een kans wanneer zij zich in een moeilijke situatie bevinden. Maar wanneer zij dan een kans krijgen, keren zij terug naar hun zonden. Wanneer de zonde continueert op deze wijze, zullen zij uiteindelijk de dood ondergaan.

Leven van ongehoorzaamheid en leven van gehoorzaamheid

Er is een belangrijk ding dat wij duidelijk moeten begrijpen; het is dat wanneer wij verkeerd hebben gehandeld en het beseffen, wij geen zonde moeten toevoegen met meer zonden, maar moeten wandelen in de weg van gerechtigheid.

1 Petrus 5:8-9 zegt, *"Wordt nuchter en waakzaam. Uw tegenpartij de duivel, gaat rond als een brullende leeuw, zoekende wie hij zal verslinden. Wederstaat hem, vast in het geloof, wetende, dat aan uw broederschap in de wereld hetzelfde lijden wordt toegemeten."*

1 Johannes 5:18 zegt ook, *"Wij weten, dat een ieder, die uit God geboren is, niet zondigt; want Hij, die uit God geboren is, zondigt niet; want Hij, die uit God geboren werd, bewaart hem, en de boze heeft geen vat op hem."*

Daarom wanneer wij niet zondigen, maar perfect leven in het woord van God, zal God ons beschermen met Zijn vurige ogen, zodat u zich nergens zorgen over hoeft te maken.

Om ons heen kunnen wij mensen zien die allerlei rampen ondergaan, maar ze begrijpen niet eens waarom zij zoveel moeilijkheden hebben. Wij kunnen ook zien dat sommige gelovigen lijden onder vele moeilijkheden. Sommigen ondergaan de plagen van bloed of muggen, anderen de plagen van hagel of sprinkhanen. Weer anderen ondergaan de plaag van de dood van de eerstgeborene, en bovendien zijn er dan nog degene die de plaag van het watergraf ondergaan.

Daarom zouden wij geen leven van ongehoorzaamheid moeten leven zoals Farao, maar een leven van gehoorzaamheid, zodat wij geen van deze plagen moeten ondergaan.

Zelfs wanneer wij in een situatie zijn waarbij wij niet kunnen voorkomen dat we de plaag van de dood van de eerstgeborene of de plaag van duisternis ondergaan, kunnen wij vergeven worden, wanneer wij ons bekeren en ons onmiddellijk afkeren van die zonde. Net zoals het Egyptische leger begraven werd in de Rode Zee, wanneer wij langer uitstellen en niet omkeren, zal er een tijd komen dat het ook te laat zal zijn.

Over het leven van
gehoorzaamheid

Indien gij aandachtig luistert naar de stem van de Here, uw God, en al zijn geboden, die ik u heden opleg, naarstig onderhoudt, dan zal de Here, uw God, u verheffen boven alle volken der aarde. De volgende zegeningen zullen alle over u komen en uw deel worden, indien gij luistert naar de stem van de Here, uw God: Gezegend zult gij zijn in de stad en gezegend op het veld. Gezegend zal zijn de vrucht van uw schoot, de vrucht van uw bodem en de vrucht van uw vee; de worp van uw runderen, en de dracht van uw kleinvee. Gezegend zullen zijn uw mand en uw baktrog. Gezegend zult gij zijn bij uw ingang en gezegend zult gij zijn bij uw uitgang
(Deuteronomium 28:1-6).

Hoofdstuk 7

Het Pascha en de weg van redding

Exodus 12:1-28

"En de HERE zeide tot Mozes en tot Aäron in het land Egypte: Deze maand zal u het begin der maanden zijn; zij zal u de eerste der maanden van het jaar zijn. Spreekt tot de gehele vergadering van Israël als volgt: op de tiende van deze maand zal ieder voor zich een stuk kleinvee nemen, families gewijs, een stuk kleinvee per gezin" (1-3). "En gij zult het bewaren tot de veertiende dag van deze maand; dan zal de gehele vergadering der gemeente van Israël het slachten in de avondschemering. Vervolgens zal men van het bloed nemen en dit strijken aan de beide deurposten en de bovendorpel, aan die huizen, waarin men het eet. Het vlees zullen zij dezelfde nacht eten; zij zullen het eten op het vuur gebraden, met ongezuurde broden, benevens bittere kruiden. Rauw of gaar gekookt in water zult gij het niet eten; slechts op het vuur gebraden met kop, schenkels en ingewanden. Gij zult daarvan niets overlaten tot de morgen; wat ervan overblijft tot de morgen, dat zult gij met vuur verbranden. En aldus zult gij het eten: uw lendenen omgord, uw schoenen aan uw voeten en uw staf in uw hand; overhaast zult gij het eten; het is een Pascha voor de HERE" (6-11).

Het Pascha en de weg van redding · 97

Tot hier kunnen we zien dat Farao en zijn dienaren doorgaan met een leven te leiden in ongehoorzaamheid aan het Woord van God.

Dit resulteerde dat er lichtere plagen over geheel Egypte kwamen. En toen ze doorgingen ongehoorzaam te zijn kwamen er veel rampen, hun voorspoed verdween, en tenslotte verloren ze hun leven.

In tegenstelling, hoewel ze in hetzelfde Egypte leefden, had het uitverkoren volk van Israël niet te lijden onder al deze plagen.

Toen God de levens in Egypte sloeg met de laatste plaag, verloren de Israëlieten geen leven. Het was omdat de God van Israël, de mensen de weg naar redding had laten zien.

Dat was niet alleen toe te passen op het volk van Israël duizenden jaren terug, maar het is ook nu nog steeds van toepassing.

Manier om plagen te voorkomen en de dood van de eerstgeborenen.

Voordat de plaag van de dood van de eerstgeborenen in Egypte kwam, vertelde God aan de Israëlieten hoe deze plaag te voorkomen.

> *Zeg tegen de hele gemeenschap van Israël: "Op de tiende van deze maand moet elke familie een lam of een bokje uitkiezen, elk gezin één"* (Exodus 12:3).

Beginnende met de plaag van bloed tot aan de plaag van duisternis, ook al had het volk van Israel niets uit zichzelf gedaan, beschermde God hen gewoon met zijn kracht. Maar net voor de laatste plaag, wilde God een daad van gehoorzaamheid zien, van het Israëlische volk.

Het moest een lam nemen en wat bloed op de twee deurposten en de deurpost van de huizen strijken, en het lam eten, dat op het vuur van het huis geroosterd was. Dit was een teken om het volk van God te onderscheiden omdat God alle eerstgeborenen van mensen en dieren wilde doden.

Omdat de laatste plaag voorbij zou gaan aan de huizen welke het bloed van het lam hadden, vieren de Joden nog steeds deze dag als het Pascha, op welke zij gered werden.

Het Pascha is een der grootste feesten van de Joden. Zij eten lam, ongezuurd brood, en bittere kruiden om deze dag te herinneren. Meer details worden in Hoofdstuk 8 uitgelegd.

Neem een lam

God zei hen een lam te nemen want een lam staat geestelijk voor Jezus Christus.

In het algemeen is het zo dat zij die in God geloven, Zijn "schapen" worden genoemd. Veel mensen denken dat een ¨lammetje een ¨nieuw geborene¨ is, maar in de Bijbel kunnen we zien dat het lam naar Jezus Christus verwijst.

In Johannes 1:29, zegt Johannes de Doper terwijl hij naar Jezus wijst, *"Zie, het lam Gods, dat de zonde der wereld wegneemt."* 1 Petrus 1:18-19 zegt, *"Wetende, dat gij niet met vergankelijke dingen, zilver of goud, zijt vrijgekocht van uw ijdele wandel, die (u) van de vaderen overgeleverd is, maar met het kostbare bloed van Christus, als van een onberispelijk en vlekkeloos lam."*

Jezus Zijn karakter en daden doen ons denken aan een zachtaardig lam. Mattheüs 12:19-20 zegt ook, *"Hij zal niet twisten of schreeuwen, en niemand zal op de pleinen zijn stem horen. Het geknakte riet zal Hij niet verbreken en de walmende vlas pit zal Hij niet uitdoven, voordat Hij het oordeel tot overwinning heeft gebracht."*

Net zoals schapen alleen naar de stem van hun herder luisteren, en hem volgen, gehoorzaamde Jezus enkel met 'Ja' en 'Amen' voor God (Openbaring 3:14). Tot aan het moment dat Hij aan het kruis stierf, wilde Hij de wil van God vervullen (Lukas 22:42).

Een lam geeft zachte wol, melk met hoge voedingswaarde, en vlees. Gelijk zo werd Jezus geofferd als een gezalfd offer om ons met God te verzoenen toen Hij al Zijn water en bloed voor ons vergoot aan het kruis.

Dus, vele delen van de Bijbel vergelijken Jezus met een Lam. Als God de Israëlieten de gebruiken van het Pascha instrueert, vertelde Hij hen ook in detail de rol van het lam in deze.

Maar indien een gezin te klein is voor een stuk kleinvee, dan zullen hij en de naaste buurman van zijn gezin er een nemen, naar het aantal personen; gij zult bij het stuk kleinvee rekenen met ieders behoefte. Een gaaf, mannelijk, éénjarig stuk kleinvee moet gij nemen; gij kunt dit nemen van de schapen of van de geiten (Exodus12:4-5).

Als ze te arm waren, of er waren te weinig gezinsleden, om een geheel lam te eten, dan konden ze een lam van een schaap of geit nemen en konden deze delen met de buren. We kunnen de delicate liefde van God voelen, die overvloedig is in Zijn medeleven.

De reden waarom God zei een onbeschadigd mannetje te nemen van een jaar oud is omdat zijn vlees van de heerlijkste soort is omdat het nog niet gepaard heeft. Zo is het ook met ons mensen, het is de jeugdtijd die het mooist en schoonst is.

Omdat God heilig is, zonder enig blaam of vlek, zei Hij hen een lam te nemen op de mooiste leeftijd, een één jaar oud lam.

Strijk het bloed en ga niet naar buiten tot de morgen

God zegt dat ze een lam moesten nemen in overeenstemming met het getal van hun gezinsleden. In Exodus 12:6 vinden we dat ze het lam niet onmiddellijk mochten doden, maar na het vier dagen te hebben gehad moesten ze het doden zodra het licht werd. God gaf hen dit tijdbestek om zich in alle gevoeligheid van hun hart voor te bereiden.

Waarom zei God dat ze het bij het ochtendgloren moesten doden?

Het cultiveren van de mensheid die met de ongehoorzaamheid van Adam begon, kan over het algemeen in drie delen worden gecategoriseerd. Vanaf Adam tot aan Abraham liggen ongeveer 2.000 jaren en deze periode is eigenlijk het begin van de mensheid. In vergelijking met een dag is het morgen.

Hierna, benoemde God Abraham de vader van het geloof, en vanaf de tijd van Abraham totdat Jezus naar de aarde kwam ligt ook 2.000 jaar. Dat is hetzelfde als de dagtijd. Vanaf de tijd dat Jezus naar de aarde kwam tot nu is ongeveer ook 2.000 jaar. Dit is de eindtijd van de menselijke ontwikkeling en de dageraad (1 Johannes 2:18; Judas 1:18; Hebreeën 1:2; 1 Petrus 1:5; 20).

De tijd toen Jezus naar de aarde kwam en ons vrij maakte van onze zonden door Zijn dood aan het kruis voor ons behoort tot de laatste periode van de menselijke ontwikkeling en dat is waarom God hen gebood het lam te doden tijdens de dageraad en niet gedurende de dag.

Vervolgens, werden de mensen geboden het bloed op de twee deurposten te strijken, en op de bovenste deurpost (Exodus 12:7). Het bloed van het lam refereert geestelijk naar het bloed van Jezus Christus. God vertelde hen het bloed op de twee deurposten en de bovenste deurpost te plaatsen want we zijn gered door het bloed van Jezus. Door Zijn bloed te vergieten en aan het kruis te sterven, maakte Jezus ons vrij van onze zonden en redde onze levens; dat is de geestelijke betekenis die hier wordt bedoeld.

Vanwege het heilig bloed dat ons vrijmaakt van zonden, werden zij geacht het bloed niet te plaatsen op de drempel op welke de mensen stappen, maar alleen op de deurposten.

Jezus zei, *"Ik ben de deur; als iemand door Mij binnenkomt, zal hij behouden worden; en hij zal ingaan en uitgaan en weide vinden"* (Johannes 10:9). Zoals gezegd, tijdens de nacht van de plaag der eerstgeborenen, hadden alle huishoudingen zonder bloed op de deurposten doden bij hun, maar de huishoudens die het bloed op de deurposten hadden aangebracht, werden gespaard van de dood.

Maar zelfs als ze het bloed van het lam op de deurposten hadden en buitenshuis waren konden ze niet gered worden (Exodus 12:22). Als ze naar buiten gingen, betekende het dat ze niets met het verbond van God te doen hadden en dat ze de plaag van de dood der eerstgeborenen moesten aanschouwen.

Buiten de deur zijn betekent geestelijk de duisternis die niets met het verbond van God van doen heeft. Het is de wereld van onwaarheden. Op diezelfde manier vandaag, als we de Heer geaccepteerd hebben, kunnen we niet gered worden als we Hem verlaten.

Rooster het lam en eet het in zijn geheel

Er waren doden in de gezinnen van de Egyptenaren, en er was veel geween. Een groot geween brak uit in de stilte van de diepe nacht, beginnende bij de Farao, die ook God in het geheel niet vreesde, zelfs niet na de vele machtige werken van God, die aan de Egyptenaren waren getoond. Tot aan het begin van de morgen gingen de Israëlieten helemaal niet naar buiten.

Zij aten gewoon het lam volgens het gebod van God. Wat is de bedoeling dat zij zo laat dit lam moesten eten? Dit bevat een diepe geestelijke bedoeling

Voordat Adam van de boom van goed en kwaad at. Leefde hij onder de controle van God, Die licht is, maar toen hij ongehoorzaam werd en van de boom at, werd hij een dienaar van de zonde. Als gevolg hiervan, kwam zijn gehele nageslacht, alle mensen, onder de controle van de vijand duivel en Satan, de heerser van de duisternis. Daarom, is deze wereld van de duisternis en nacht.

Net zoals de Israëlieten van het lam hadden gegeten laat in de nacht, moeten wij die geestelijk leven in een wereld van duisternis, eten van het vlees van de Zoon der mensen, Die het Woord van God is, Die Licht is en Zijn bloed drinken, zodat we redding kunnen ontvangen. God vertelde hen in detail hoe het lam te moeten eten. Ze moesten het eten met ongezuurd brood en bittere kruiden (Exodus 12:8).

Gist is een soort zwam welke gebruikt wordt om brood te doen rijzen, en het voedsel te fermenteren door het lekker en zacht te maken. Brood zonder gist is lang niet zo lekker, dan brood dat er wel mee gemaakt is.

Sinds het zulk een wanhopige situatie was, of ze wel of niet zouden leven, liet God hen het lam met het minder smaakvolle brood eten en bitter kruiden zodat ze zich deze dag zouden herinneren.

Ook refereert gist naar zonde in de geestelijke zin. Daarom, 'ongezuurd brood eten', symboliseert, dat we de zonde en slechtheid weg moeten doen om de redding van leven te krijgen.

En God vertelde hen het lam te roosteren op het vuur en het niet rauw te eten of gekookt in water en ze moesten het gehele hoofd eten, de benen, en de ingewanden (Exodus 12:9).

Hier, betekent 'het rauw eten' dat het waardevolle woord van God letterlijk geïnterpreteerd wordt.

Bijvoorbeeld, Mattheüs 6:6 zegt, *"Maar gij, wanneer gij bidt, ga in uw binnenkamer, sluit uw deur en bid tot uw Vader in het verborgene; en uw Vader, die in het verborgene ziet, zal het u vergelden."* Als we dat letterlijk interpreteren betekent het dat we in onze binnen kamer gaan, de deur sluiten en bidden. Maar nergens in de Bijbel kunnen we een man van God vinden die in een gesloten kamer aan het bidden is.

Geestelijk, 'je binnenkamer ingaan en bidden' betekent dat we geen ijdele gedachten moeten hebben, maar met geheel ons hart moeten bidden.

Als we in een dieet rauw vlees eten kunnen we infecties van parasieten, of maagpijn krijgen. Als we het woord van God letterlijk interpreteren, kunnen we misverstanden krijgen en dat leidt naar problemen. Dan kunnen we geen geestelijk geloof hebben en leid het ons verder weg van redding.

'In water koken' betekent 'filosofie, wetenschap, medische wetenschap, of menselijke gedachten toevoegen aan het Woord van God.' Als we het vlees in water koken, zal de jus van het vlees naar buiten komen en is er een groot verlies van de voedingswaarde. Op dezelfde manier, als we kennis van deze wereld aan het woord van de waarheid toevoegen, kunnen we wat geloof als kennis hebben, maar geen geestelijk geloof. Daarom, leidt het ons niet naar redding.

Nu, wat betekent het roosteren van het lam op het vuur? Hier staat 'vuur' voor het 'vuur van de Heilige Geest.' Namelijk, het Woord van God was geschreven door inspiratie van de Heilige Geest, en daarom als wij het horen en lezen, moeten we dat geheel doen in de volheid en inspiratie van de Heilige Geest. Anders, zal het enkel een zaak van kennis worden en kunnen we het niet als geestelijk brood krijgen.

Dus om het Woord van God te eten moeten we een levendig gebedsleven hebben. Gebed is als olie, en het is de oorsprong om ons de volheid van de Heilige Geest te geven. Wanneer we het Woord van Gd nemen met de inspiratie van de Heilige Geest zal het zelfs zoeter als honing smaken. Het betekent dat we naar het woord luisteren met een dorstig hart zoals een hert dat naar stromend water verlangt. Dus, voelen we dat de tijd om naar het Woord van God te luisteren zo dierbaar is, dat het ons nooit zal vervelen.

Wanneer wij luisteren naar het woord van God en de gedachten van mensen gebruiken, of onze eigen ervaring en kennis, kunnen we veel dingen misschien niet begrijpen.

God vertelt ons bijvoorbeeld, dat als iemand u op de wang slaat, de andere hem ook toe te keren, en als iemand om uw hemd vraagt, die ander ook uw mantel te geven. Als iemand u dwingt een mijl met hem te gaan, om twee mijl mee te gaan. Ook denken veel mensen dat het goed is om wraak te nemen, maar God vertelt ons de vijanden lief te hebben, onszelf te vernederen, en anderen te dienen (Mattheüs 5:39-44).

Dat is waarom we moeten breken met onze gedachten, en het Woord van God alleen moeten nemen in de inspiratie van de Heilige Geest. Dan alleen zal het Woord van God ons leven en kracht worden, zodat we bij machte zijn alle onwaarheden weg te werpen, en we geleid worden op de weg van eeuwig leven.

Over het algemeen smaakt het beter als we vlees op vuur roosteren, en tevens is het een manier om het tegen infecties te beschermen. Op dezelfde manier, kan de duivel satan, hen niet bewerken die geestelijk het woord van God nemen met het gevoel dat het zoeter is dan honing.

Verder, vertelt God hen om het hoofd te eten, zijn benen, en de ingewanden. Dit betekent dat we alle 66 boeken van de Bijbel moeten nemen zonder er ook maar een weg te laten. De Bijbel bevat de oorsprong van de creatie en de voorziening van de menselijke ontwikkeling. Meer nog, het bevat de weg om Gods ware kinderen te worden. Het bevat de voorziening van redding dat verborgen was al voor dat de tijd begon. De Bijbel bevat de wil van God.

Daarom, 'het hoofd, de benen en ingewanden' betekent dat we de Bijbel moeten nemen als een geheel, te beginnen met het Boek Genesis tot het Boek van Openbaring.

Laat er niets van achter tot de morgen. Eet snel

De mensen van Israël aten het lam dat geroosterd werd op vuur in hun huis, en ze lieten niets over tot het morgen was, want Exodus 12:10 zegt, *"Zorg dat er de volgende morgen niets meer van over is. Mocht er toch iets overblijven, dan moet je dat verbranden."*

Het is 'morgen' wanneer de duisternis weggaat en het Licht komt. Geestelijk, refereert het naar de tijd van de tweede komst van de Heer, Nadat Hij terugkomt kunnen we onze olie niet meer bereiden (Mattheüs 25:1-13), en zo, moeten we het Woord van God ijverig volgen en het praktiseren. Voordat Jezus terugkomt.

Mensen kunnen ongeveer 70 of 80 jaren oud worden en we

weten niet wanneer onze levens eindigen. Daarom moeten we het Woord van God altijd zeer serieus nemen.

De mensen van Israel moesten Egypte verlaten nadat de plaag des doods der eerstgeborenen had plaatsgevonden, en dat is waarom God hen vertelde haastig te eten.

En aldus zult gij het eten: uw lendenen omgorden, uw schoenen aan uw voeten en uw staf in uw hand; overhaast zult gij het eten; het is een Pascha voor de HERE (Exodus 12:11).

Dit betekent dat ze klaar moesten zijn om te vertrekken met hun kleren en schoenen aan. Om hun lendenen omgord te hebben en sandalen aan betekent dat ze geheel klaar moesten zijn.

Om de redding in Jezus Christus te ontvangen in deze wereld, wat vergeleken kan worden met Egypte dat geplaagd werd met pijn, en het Hemels Koninkrijk dat te vergelijken is met het Beloofde Land van Kanaan, zo moeten ook wij altijd wakker en klaar zijn.

Ook vertelde God hen om hun staf in hun handen te hebben en de "staf" symboliseert geestelijk "geloof." Als wij een berg opwandelen of beklimmen, en we een staf hebben, zal het veel veiliger en gemakkelijker zijn en vallen we niet.

De reden dat de staf aan Mozes was gegeven was omdat Mozes de Heilige Geest niet in zijn hart had ontvangen. God gaf Mozes de staf die geestelijk voor geloof stond. De manier waarop de kinderen van Israël, God Zijn kracht zouden gaan ervaren en hoe het werk van de exodus uit Egypte door de staf werd bewerkt was fysiek met het oog te zien.

Zelfs vandaag om het eeuwige leven in te gaan, hebben we geestelijk geloof nodig. We kunnen alleen maar redding ontvangen wanneer we geloven in de Heer Jezus Christus, Die aan het kruis stierf zonder zonde en weer opstond. We kunnen gehele redding verkrijgen enkel als we het woord van God praktiseren door te eten van het Vlees van de Heer en het drinken van Zijn Bloed.

Hoeveel meer nu deze tijd, nu de komst van de Heer zo nabij is. Dus, moeten we het woord van God gehoorzamen en ernstig bidden zodat we altijd in de overwinning staan in de strijd tegen de machten der duisternis.

Neemt daarom de wapenrusting Gods, om weerstand te kunnen bieden in de boze dag en om, uw taak geheel vervuld hebbende, stand te houden. Stelt u dan op, uw lendenen omgord met de waarheid, bekleed met het pantser der gerechtigheid, de voeten geschoeid met de bereidvaardigheid van het evangelie des vredes; neemt bij dit alles het schild des geloofs ter hand, waarmede gij al de brandende pijlen van de boze zult kunnen doven; en neemt de helm des heils aan en het zwaard des Geestes, dat is het woord van God. En bidt daarbij met aanhoudend bidden en smeken bij elke gelegenheid in de Geest, daartoe wakende met alle volharding en smeking voor alle heiligen; (Efeziers 6:13-17).

Hoofdstuk 8

Besnijdenis en heilig avondmaal

Exodus 12:43-51

De HERE zeide tot Mozes en Aäron: "Dit is de inzetting van het Pascha: geen enkele vreemdeling mag ervan eten" (43).

Maar geen enkele onbesnedene mag ervan eten (48).

"Eénzelfde wet zal gelden voor de geboren Israëliet en voor de vreemdeling, die in uw midden vertoeft" (49).

En op deze zelfde dag leidde de HERE de Israëlieten uit het land Egypte, volgens hun legerscharen (51).

Het Feest der ongezuurde broden is gedurende een lange aan een volgende periode in de wereld gevierd voor meer dan 3500 jaren.

Het was het fundament van het ontstaan van het land Israël. Pascha is פסח (Pesach) in het Hebreeuws, en betekent eraan voorbij gaan oftewel iets vergeven. Het betekent dat de schaduw van de duisternis voorbij gaat aan de huizen van Israël wiens deurposten bedekt waren met het bloed van het lam toen de plaag van dood op de eerstgeborenen van Egypte kwam.

Zelfs tot op de dag van vandaag worden bij de joodse mensen de huizen schoongemaakt en al het gist verwijderd uit de huizen voor Pascha. Zelfs de kleine kinderen kijken onder hun bed of achter de meubelen met zaklantaarns of er ook enige lekkernijen of brood is achtergebleven dat gist bevat, en verwijderen het. Zo ook, eet elke huishouding volgens de regels van Pascha. Het hoofd van de familie brengt het Feest de Ongezuurde broden in herinnering, en ze vieren de Exodus.

"Waarom eten we Matzes (ongezuurd brood) vanavond?"

"Waarom eten we Maror (bittere kruiden) vanavond?"

"Waarom eten we peterselie na het twee keer in zout water te hebben gedipt? Waarom eten we bittere kruiden met Haroseth (Een roodachtige pasta die het bakken van de stenen in Egypte, symboliseert)?"

"Waarom zitten we achteruit geleund en eten het Pascha voedsel?"

De leider van de ceremonie legt uit dat het ongezuurde brood zo gegeten moet worden omdat ze Egypte in haast moesten verlaten. En, hij legt ook uit waarom ze de bittere kruiden moeten eten om zo de pijn van slavernij te herinneren in Egypte, en het peterselie gedipt in het zoute water die de tranen gedenken die vloeiden in Egypte.

Maar nu, sinds de voorvaders vrij werden gezet van de slavernij, eten we het voedsel liggende om zo expressie aan de vrijheid en vreugde te geven, om zo bij machte te zijn om achteruit te leunen terwijl we eten. En als de leider spreekt over de verhalen van de tien plagen in Egypte, houdt ieder familielid een beetje wijn aan de mond, en steeds als er een plaag genoemd wordt spuugt hij dat uit in een speciale kom.

De Pascha vond 3500 jaar geleden plaats, maar door het voedsel van de Pascha, hebben zelfs de kinderen nu de kans om de Exodus te ervaren. De Joden houden zich aan dit feest dat God duizenden jaren terug had vastgesteld.

De kracht van de Diaspora, namelijk de kracht van de Joden die overal over de wereld verspreid waren om samen te komen en hun land te herbouwen, ligt hierin.

De kwalificaties voor de deelnemers aan het Pascha

Tijdens de nacht dat de plaag van de dood van de eerstgeborenen over Egypte kwam, werden de Israëlieten gered van de dood door het woord van God te gehoorzamen. Maar om deel te nemen aan het Pascha, moesten zo ook aan een voorwaarde voldoen.

De HERE zeide tot Mozes en Aäron: "Dit is de inzetting van het Pascha: geen enkele vreemdeling mag ervan eten. Iedere slaaf, die door iemand voor geld is gekocht, mag er eerst van eten, wanneer gij hem besneden hebt. Een bijwoner en een dagloner mogen er niet van eten. In één huis zal het gegeten worden; gij zult van het vlees niets uit het huis naar buiten brengen; geen been zult gij ervan breken. De gehele vergadering van Israël zal dit vieren. Maar wanneer een vreemdeling bij u vertoeft en de HERE het Pascha wil vieren, dan zal ieder van het mannelijk geslacht, die bij hem behoort, besneden worden; eerst dan mag hij naderen om het te vieren; hij zal gelden als in het land geboren. Maar geen enkele onbesnedene mag ervan eten. Eénzelfde wet zal gelden voor de geboren Israëliet en voor de vreemdeling, die in uw midden vertoeft" (Exodus 12:43-49).

Enkel degene die besneden waren, konden van het Paschamaal eten, want besnijdenis is een cruciaal iets voor leven, en geestelijk gerelateerd aan de zaak van redding.

Besnijdenis is de verwijdering van een gedeelte of de volledige voorhuid (prepuce) van de penis en wordt gedaan op de achtste dag na de geboorte van alle mannelijke baby's van Israel.

Genesis 17:9-10 zegt, *"Voorts zeide God tot Abraham: En wat u aangaat, gij zult mijn verbond houden, gij en uw nageslacht, in hun geslachten. Dit is mijn verbond, dat gij zult houden tussen Mij en u en uw nageslacht: dat bij u al wat mannelijk is besneden worde."*

Toen God Zijn verbond van zegeningen aan Abraham gaf, de vader van geloof, vroeg Hij hem om de besnijdenis te verrichten als een teken van het verbond. Degene die niet besneden waren, konden de zegeningen niet ontvangen.

"Gij zult het vlees van uw voorhuid laten besnijden, en dat zal tot een teken van het verbond zijn tussen Mij en u. Wie acht dagen oud is, zal bij u besneden worden, al wat mannelijk is in uw geslachten: zowel wie in uw huis geboren is, als wie van enige vreemdeling voor geld is gekocht, doch niet van uw nageslacht is. Wie in uw huis geboren is en wie door u voor geld gekocht is, moet voorzeker besneden worden; zo zal mijn verbond in uw vlees zijn tot een eeuwig verbond. En de onbesnedene, de man namelijk, die het vlees van zijn voorhuid niet laat

besnijden, die mens zal uitgeroeid worden uit zijn volksgenoten: hij heeft mijn verbond verbroken" (Genesis 17:11-14).

Waarom dan zei God dat ze op de achtste dag besneden moesten worden.

Het is niet gemakkelijk, voor een pasgeboren baby die negen maanden in de buik van de moeder is geweest om zichzelf aan te passen aan al het nieuwe om hem heen, want het is een geheel andere omgeving. De cellen zijn nog steeds zwak, maar na zeven dagen zijn ze gewend aan de nieuwe omgeving, maar zijn nog niet actief.

Als de voorhuid in deze tijd wordt afgesneden, is de pijn miniem, en zal de snede snel genezen. Maar als iemand opgroeit, is de huid hard en is het heel pijnlijk.

God zorgde dat de Israëlieten de besnijdenis de 8tste dag na de geboorte uitvoerden zodat het hielp bij de gezondheid en groei, en het een teken van Zijn verbond maakte op de zelfde tijd.

Besnijdenis, direct gerelateerd aan het leven

Exodus 4:24-26 zegt, *"Onderweg nu, in een nachtverblijf, kwam de HERE hem tegen en zocht hem te doden. Toen nam Sippora een stenen mes, besneed de voorhuid van haar zoon, raakte daarmee zijn voeten aan en zeide: Voorzeker, gij zijt mij een bloedbruidegom. En Hij liet hem met rust. Bloedbruidegom, zeide zij toen, met het oog op de besnijdenis."*

Waarom zocht God Mozes te doden?
We kunnen het inzien als we de geboorte en groei van Mozes begrijpen. In die tijd, om de Israëlieten volledig te vernietigen, was er een opdracht uitgegeven om al de nieuw geboren Hebreeuwse jongetjes te vermoorden.
Gedurende deze tijd verborg de moeder Mozes. Tenslotte deed ze hem in een biezenmandje en zette hem aan de kant van de Nijl. Door de voorzienigheid van God, werd hij door een Egyptische prinses gezien, en werd hij ook een prins als een geadopteerde zoon van de prinses. Dat is waarom hij niet in een situatie was om besneden te worden.

Hoewel hij geroepen was als de leider van de Exodus, was hij nog niet besneden. Dat is waarom de engel van God hem bezocht te doden. Gelijkwijs is het met de besnijdenis dat in relatie staat met het leven; als iemand niet besneden is, heeft hij niets te doen met God.

Hebreeën 10:1 zegt, *"Want daar de wet slechts een schaduw heeft der toekomstige goederen, niet de gestalte dier dingen zelf,"* en de wet refereert hier naar het Oude Testament en de "dingen" die komen gaan is het Nieuwe Testament, namelijk het Goede Nieuws, komende door Jezus Christus.

Schaduw en het origineel zijn één, en kunnen niet gescheiden bestaan. Daarom wordt het gebod van God over besnijdenis in het Oude Testament, hetgeen betekend dat ze worden afgesneden van de mensen van God die niet besneden zijn, ook nu nog steeds in acht wordt genomen.

Maar nu, niet zoals in het Oude Testament, hoeven we niet de lichamelijke besnijdenis te ondergaan maar de geestelijke besnijdenis, welke de besnijdenis van het hart is.

Lichamelijke besnijdenis en de besnijdenis van het hart

Romeinen 2:28-29 zegt, *"Want niet híj is een Jood, die het uiterlijk is, en niet dát is besnijdenis, wat uiterlijk, aan het vlees, geschiedt, maar híj is een Jood, die het in het verborgen is, en de (ware) besnijdenis is die van het hart, naar de Geest, niet naar de letter. Dan komt zijn lof niet van mensen, maar van God."* Lichamelijke besnijdenis is slechts een schaduw, en het origineel in het Nieuwe Testament is de besnijdenis van het hart, en dit is wat ons redding geeft.

In het Oude Testament, ontvingen ze niet de Heilige Geest en konden ze onwaarheden niet van hun harten afwerpen. Dus toonden ze dat ze bij God behoorden door zich lichamelijk te besnijden. Maar in de Nieuwe Testamentische tijd, wanneer we Jezus accepteren, komt de Heilige Geest in ons hart, en de Heilige Geest helpt ons, om in de waarheid te leven zodat we de onwaarheden van ons hart kunnen werpen.

Om ons hart op deze manier te besnijden is door de wetten

van het Oude Testament te volgen om in het lichaam besneden te zijn. Het is tevens de weg om het Pascha te houden.

> *"Besnijdt u voor de HERE en doet weg de voorhuid van uw hart"* (Jeremia 4:4).

Wat betekent het om de voorhuid van het hart weg te nemen? Het is om al de woorden te onderhouden die God ons vertelt te doen, niet te doen of zelfs dingen uit ons leven te bannen.

We doen gewoon de dingen niet die God ons zegt niet te doen zoals "Haat niet, oordeel of veroordeel niet, steel niet, en pleeg geen overspel." Ook, dienen we dingen weg te doen uit ons midden, of houden er vast aan, als Hij ons vertelt iets weg te doen of ons eraan te houden zoals "Doe alle kwaad uit uw midden weg, of onderhoud naarstig de geboden van God."

We doen enkel wat Hij ons vertelt te doen zoals "Predik het Goede Nieuws, bid, vergeef, liefhebben, etc." Doordat we dat doen, drijven we alle onwaarheden weg, het kwaad, onrechtvaardigheid, onwettigheden en duisternis van onze harten om het te reinigen, en dan vullen we het met waarheid.

De besnijdenis van het hart en gehele verlossing

Ten tijde van Mozes, werd het Pascha ingesteld voor de

Israëlieten om aan de dood van de eerstgeborenen te ontkomen, voor de Exodus. Dus, dat betekent niet dat iemand voor altijd gered is door enkel aan het Pascha deel te nemen.

Als ze voor eeuwig gered waren door het Pascha dan zouden alle Israëlieten die uit Egypte kwamen het Land vloeiende van melk en honing zijn ingegaan, het Land van Kanaän.

Maar de realiteit was dat de volwassenen, behalve Jozua en Kaleb, die over de 20 waren, ten tijde van de Exodus geen geloof en gehoorzaamheid toonden. Zij waren van de generatie die in de woestijn moesten verblijven, voor veertig jaren en daar stierven zonder ooit het beloofde Land van Kanaän te hebben gezien.

Zo is het ook nu. Zelfs als we Jezus hebben geaccepteerd, en kinderen van God worden, is dat niet compleet en een garantie voor de eeuwigheid. Het betekent enkel dat we in de van de redding zijn gekomen.

Daarom, net zoals de veertig jaren van beproeving nodig waren voor de Israëlieten om binnen te treden in het Land van Kanaan, om permanente redding te verkrijgen is het nodig door een proces van besnijdenis te gaan met het Woord van God.

Als we Jezus eenmaal als onze Redder geaccepteerd hebben, ontvangen we de Heilige Geest. Echter 'het ontvangen van de Heilige Geest' betekent niet dat onze harten volledig schoon zullen zijn. We moeten ons hart blijven besnijden totdat we de volledige redding bereiken. Alleen dan wanneer we onze harten, die de bron van alle leven is, behouden door de besnijding van ons hart, kunnen we gehele redding bereiken.

Het belang van de besnijdenis van het hart

Alleen wanneer we ons van onze zonden en kwaadheden reinigen met het Woord en het wegsnijden met het zwaard van de Heilige Geest, kunnen we heilige kinderen van God worden en het leven leiden dat vrij van rampen is.

Een andere reden waarom we ons hart moeten laten besnijden is om de overwinning in de geestelijke strijd te hebben. Hoewel onzichtbaar, is er constant een hevige strijd tussen de goede geesten die tot God behoren en de kwade geesten.

Efeziërs 6:12 zegt, *"want wij hebben niet te worstelen tegen bloed en vlees, maar tegen de overheden, tegen de machten, tegen de wereldbeheersers dezer duisternis, tegen de boze geesten in de hemelse gewesten."*

Om de overwinning te hebben in geestelijke strijd moeten we absoluut ons hart reinigen. Dit is omdat de overwinning in de geestelijke wereld ligt in het zijn zonder zonde. Dat is waarom God de besnijdenis van ons hart wil en ons het belang van de besnijdenis vertelt.

> *Geliefden, als ons hart ons niet veroordeelt, hebben wij vrijmoedigheid tegenover God, en ontvangen wij van Hem al wat wij bidden, daar wij zijn geboden bewaren en doen wat welgevallig is voor zijn aangezicht* (1 Johannes 3:21-22).

Om het antwoord te ontvangen over de problemen van

het leven, zoals ziekten en armoede, moeten we onze harten besnijden. Slechts als we schone harten hebben, zullen we de overtuiging voor God hebben en alles ontvangen wat we vragen.

Pascha en de Heilige Communie

Net zoals we de besnijdenis ondergaan kunnen wij deelnemen aan het Pascha. Dit is gerelateerd and de Heilige Communie vandaag. Het Pascha is een feest om het vlees van het lam te eten en de Heilige Communie is het brood te eten en de wijn te drinken, welke het vlees en bloed van Jezus symboliseert.

> *Jezus dan zeide tot hen: "Voorwaar, voorwaar, Ik zeg u, tenzij gij het vlees van de Zoon des mensen eet en zijn bloed drinkt, hebt gij geen leven in uzelf. Wie mijn vlees eet en mijn bloed drinkt, heeft eeuwig leven en Ik zal hem opwekken ten jongsten dage"* (Joh. 6:53-54).

Hier refereert, de 'Zoon des Mensen' naar Jezus, en het vlees van de Zoon des mensen refereert naar de 66 boeken van de Bijbel. Om het vlees te eten van de Zoon des mensen betekent het innemen van de waarheid van God dat in de Bijbel geschreven is.

Zo is het ook met het vocht dat ons lichaam nodig heeft om het voedsel te verteren, als we het vlees van de Zoon des mensen eten, moeten we tegelijkertijd ook iets drinken zodat het goed verteerd kan worden.

'Het bloed van de Zoon des mensen te drinken' betekent waarlijk het Woord van God te geloven en het te praktiseren. Na het horen en het Woord van God te kennen, als we het dan niet praktiseren, is het Woord van God niet van nut voor ons.

Als we het Woord van God begrijpen in de zes en zestig boeken van de Bijbel en het praktiseren, dan zal de waarheid in ons hart komen en geabsorbeerd worden zoals de voedingsmiddelen in het lichaam worden geabsorbeerd. Dan worden de zonden en het kwade als afval, die afgedankt worden zodat we meer en meer mensen van de waarheid worden, om het eeuwige leven te winnen.

Bijvoorbeeld, als we het voedingsmiddel genoemd 'liefde' nemen en dat praktiseren, zal dat woord als een voedingsmiddel worden geabsorbeerd. De dingen die tegengesteld zijn zoals haat, afgunst, en jaloezie, zullen afval worden om te moeten worden verwijderd. Dan zal het gebeuren dat we een perfect hart van liefde zullen krijgen.

Als we ons hart vullen met vrede en rechtvaardigheid zullen de ruzies, argumenten, rancune en onrechtvaardigheid weggaan.

Kwalificaties om deel te nemen aan de Heilige Communie

Tijdens de tijd van Exodus, waren zij die besneden waren

bevoegd om deel te nemen aan het Pascha, zodat ze aan de dood van de eerstgeborenen konden ontkomen. Op dezelfde manier, is het nu, als we Jezus Christus als onze redder aanvaarden en de Heilige Geest ontvangen, verzegeld zijn als Gods kinderen, en we het recht hebben om aan de Heilige Communie deel te nemen.

Maar het Pascha was er enkel om te ontkomen aan de dood der eerstgeborenen. Zij moesten nog steeds door de woestijn om de gehele redding te verkrijgen. Op dezelfde manier, zelfs als wij de Heilige Geest hebben ontvangen en deel kunnen nemen aan de Heilige Communie, hebben we nog steeds het proces van redding voor de eeuwigheid te ondergaan. Sinds we in de poort van de redding zijn gekomen door Jezus Christus te accepteren, moeten we het Woord van God gehoorzamen in onze levens. We wandelen voorwaarts naar de poorten van het Hemels Koninkrijk en eeuwige redding.

Wanneer wij zonde plegen, kunnen we niet deelnemen aan de Heilige Communie om het vlees te eten en het bloed van de heilige Heer te drinken. Wij moeten eerst terug gaan, naar onszelf, ons bekeren van alle zonde welke we gepleegd hebben, en onze harten reinigen om deel te kunnen nemen aan de Heilige Communie.

Wie dus op onwaardige wijze het brood eet of de beker des Heren drinkt, zal zich bezondigen aan het lichaam en bloed des Heren. Maar ieder beproeve zichzelf en ete dan van het brood en drinke uit de beker. Want wie eet en drinkt, eet en drinkt tot zijn eigen oordeel, als hij het lichaam niet onderscheidt (1 Korintiërs 11:27-29).

Sommigen zeggen dat alleen zij die in water gedoopt zijn aan de Heilige Communie kunnen deelnemen. Maar als we Jezus Christus aan nemen, ontvangen we de Heilige Geest. We hebben allemaal recht om kinderen van God te worden.

Daarom, als wij de Heilige Geest ontvangen hebben, en kinderen van God zijn geworden, kunnen wij deelnemen aan de Heilige Communie na bekering van onze zonden, zelfs als we dan nog niet in water zijn gedoopt.

Door de Heilige Communie, herinneren we ons wederom aan de genade van de Heer die aan het kruis hing en voor ons Zijn bloed vergoot. We zouden ook eens naar onszelf moeten kijken en het Woord van God leren en praktiseren.

1 Korintiërs 11:23-25 zegt, *"Want zelf heb ik bij overlevering van de Here ontvangen, wat ik u weder overgegeven heb, dat de Here Jezus in de nacht, waarin Hij werd overgeleverd, een brood nam, de dankzegging uitsprak, het brak en zeide: Dit is mijn lichaam voor u, doet dit tot mijn gedachtenis. Evenzo ook de beker, nadat de maaltijd afgelopen was, en Hij zeide: Deze beker is het nieuwe verbond in mijn bloed, doet dit, zo dikwijls gij die drinkt, tot mijn gedachtenis."*

Daarom, verzoek ik u dringend om u zich de ware bedoeling van het Pascha en de Heilige Communie te realiseren en voortdurend het vlees te eten en het bloed van de Heer te drinken, zodat u zich van alle vormen van kwaad kunt ontdoen en de besnijdenis van het hart volledig kan volbrengen.

Hoofdstuk 9

Exodus en het feest van de ongezuurde broden

Anden Mosebog 12:15-17

"Zeven dagen zult gij ongezuurde broden eten; dadelijk op de eerste dag zult gij het zuurdeeg uit uw huizen verwijderen, want ieder die iets gezuurds eet, van de eerste tot de zevende dag, zo iemand zal uit Israel worden uitgeroeid. Zowel op de eerste als op de zevende dag zult gij een heilige samenkomst hebben; generlei arbeid zal daarop verricht worden; slechts wat door ieder gegeten wordt, alleen dat mag door u bereid worden. Onderhoudt dan (het feest der) ongezuurde broden, want op deze zelfde dag leid Ik uw legerscharen uit het land Egypte. Daarom moet gij deze dag onderhouden in uw geslachten als een altoosdurende inzetting."

"Laat ons vergeven, maar niet vergeten."

Dat is een zin die geschreven staat bij de ingang van het Yad Vashem Holocaust Museum te Jeruzalem. Het is om te herinneren dat er zes miljoen Joden gedood werden door de Nazi's tijdens de Tweede Wereldoorlog, en dat deze geschiedenis niet een tweede maal herhaalt moet worden.

De geschiedenis van Israel is een geschiedenis van herinneringen. In de Bijbel zegt God hen om het verleden te herinneren, het in gedachten te bewaren, en het door te geven aan de generaties.

Nadat de Israëlieten waren gered van de dood van de eerstgeborenen door het Pascha te houden en uit Egypte werden geleiden, zei God tot hen om het Feest der ongezuurde broden te onderhouden. Het is voor hen om voor eeuwig te herinneren de dag dat zij bevrijdt werden van de slavernij van Egypte.

Geestelijke betekenis van Exodus

De Dag van de Exodus is niet zomaar een dag van vrijheid dat het volk van Israel herstelde vele duizenden jaren geleden.

Het "Egypte" waar de Israëlieten in gebondenheid leefden, symboliseert "deze wereld" welke onder de beheersing is van de vijand duivel en Satan. Net zoals de Israëlieten werden vervolgd en mishandeld terwijl zij slaven waren in Egypte, lijden mensen onder de pijnen en zorgen die gebracht worden door de vijand duivel en Satan wanneer zij onwetend zijn over God.

Terwijl de Israëlieten getuigen waren van de Tien Plagen, die plaats vonden door Mozes, leerden zij God kennen. Zij volgden Mozes uit Egypte om naar het Beloofde Land van Kanaän te gaan, welke God aan hun voorvader Abraham had beloofd.

Zo is het ook vandaag, met de mensen die gewoon zijn om te leven zonder God, maar Jezus Christus aannemen.

De Israëlieten die uit Egypte komen, waar zij als slaven waren, is te vergelijken met de mensen die uit hun verslaving komen van de vijand Duivel en Satan, door Jezus Christus aan te nemen en Gods kinderen te worden.

Ook de reis van de Israëlieten naar het land Kanaän, welke overstroomt van melk en honing, is niets anders van de gelovigen die een reis van geloof maken naar het koninkrijk van de hemel.

Het land Kanaän, vloeiende van melk en honing

In het proces van de Exodus, leidde God de Israëlieten niet direct naar het land Kanaän. Zij moesten een reis in de wildernis maken, omdat er een sterke natie was, genaamd Philistina, op de kortste weg naar Kanaän.

Om door het land te trekken, moesten zij een oorlog aangaan met de sterke Filistijnen. God wist dat, als zij dat zouden doen, zouden de mensen die geen geloof hadden, teruggekeerd zijn naar

Egypte.

Zo is het ook met degene die Jezus Christus net hebben aangenomen en niet onmiddellijk waar geloof hebben. Dus wanneer zij een beproeving ondergaan die zo groot is als de krachtige natie van Filistina en de Filistijnen, zouden zij het misschien niet halen en uiteindelijk het geloof verlaten.

Dat is de reden waarom God zegt, *"Gij hebt geen bovenmenselijke verzoeking te doorstaan. En God is getrouw, die niet zal gedogen, dat gij boven vermogen verzocht wordt, want Hij zal met de verzoeking ook voor de uitkomst zorgen, zodat gij ertegen bestand zijt"* (1 Korintiërs 10:13).

Net zoals de Israëlieten in de wildernis ronddwaalden, totdat zij het land Kanaän hadden bereikt, zelfs nadat wij kinderen van God worden, ligt voor ons de reis van geloof totdat wij het koninkrijk van de hemel bereiken, het land Kanaän.

Ondanks dat de wildernis ruw was, degene die geloof hadden maar niet naar Egypte terugkeerden, omdat zij voorwaarts keken naar de vrijheid, vrede, en overvloed in het land Kanaän wat zij niet in Egypte konden genieten, zo is het ook voor ons vandaag.

Zelfs al moeten wij soms op een smal en moeilijk pad wandelen, geloven wij in de mooie glorie van het hemelse koninkrijk. Dus beschouwen wij de wedloop van geloof niet als moeilijk, maar overwinnen alles met de hulp en kracht van God.

Uiteindelijk, begon het volk Israel de reis naar het land van Kanaän, het land vloeiende van melk en honing. Zij lieten het land achter zich, waar zij hadden geleefd, gedurende meer dan 400 jaren en begonnen hun wandel van geloof onder het leiderschap van Mozes.

Er waren mensen die het vee namen. Anderen pakten hun kleren, zilver en goud in, dat zij ontvingen van de Egyptenaren. Sommigen waren de ongezuurde broden aan het inpakken, terwijl weer anderen voor de kleine kinderen en de ouderen zorgden. De reusachtige stoet van Israëlieten die zich haastten om te vertrekken, was eindeloos.

Daarna trokken de Israëlieten op van Raamses naar Sukkot, ongeveer zeshonderdduizend man te voet, ongerekend de kinderen. Ook trok een menigte van allerlei slag met hen mee; en kleinvee en runderen, een zeer talrijke veestapel. En zij bakten van de deeg dat zij uit Egypte hadden meegenomen, ongezuurde koeken, want het was niet gezuurd, omdat zij uit Egypte waren verdreven en niet hadden kunnen wachten en ook geen teerkost voor zich hadden bereid (Exodus 12:37-39).

Op die dag waren hun harten vol van vrijheid, hoop en redding. Om deze dag te vieren, beval God hen om het Feest der Ongezuurde Broden door alle generaties heen te vieren.

Het feest der ongezuurde broden

Vandaag, in het Christendom, vieren wij Pasen in plaats van het Feest der Ongezuurde Broden. Pasen is het feest wat gevierd werd om God te danken voor het geven van de vergeving van al onze zonden door de kruisiging van Jezus. Wij vieren dit ook als de dag waarop het mogelijk werd voor ons om uit de duisternis te komen en in het licht door Zijn opstanding.

Het Feest der ongezuurde Broden is een van de drie grootste feesten van Israel. Het is om het feit te herdenken dat zij uit Egypte kwamen door de hand van God. Beginnend met de nacht van het Pascha, eten zij gedurende zeven dagen ongezuurde broden.

Zelfs nadat hij en de Egyptenaren onder zoveel plagen hadden geleden, veranderde Farao niet van gedachte. Uiteindelijk moest Egypte lijden onder het verlies van de eerstgeborene door de dood, en ook Farao verloor zijn eerstgeboren zoon. Farao liet Mozes en Aaron snel roepen en zei hen om onmiddellijk Egypte te verlaten. Dus ze hadden geen tijd om de broden te laten gisten. Dat is de reden waarom zij ongezuurd brood moesten eten.

God liet hen ook ongezuurd brood eten, zodat zij de tijd zouden herinneren waarin zij hadden geleden en dankbaar zouden zijn voor de verlossing uit hun slavernij.

Het Pascha is het feest van de herinnering dat de eerstgeborene gered werden van de dood. Zij aten lam, bittere kruiden, en ongezuurd brood. Het feest van de ongezuurde broden is om het feit te herinneren dat zij ongezuurd brood aten gedurende een week dat zij in de wildernis waren, nadat zij haastig uit Egypte trokken.

Vandaag de dag, nemen de Israëlieten de gehele week vrij om het Pascha feest te vieren inclusief het feest van de ongezuurde broden.

Gij zult daarbij geen gezuurd brood eten, zeven dagen zult gij daarbij ongezuurd brood eten, brood der verdrukking, want overhaast zijt gij uit het land Egypte getrokken; opdat gij al de dagen uws levens de dag van uw uittocht uit het land Egypte gedenkt (Deuteronomium 16:3).

De geestelijke betekenis van de ongezuurde broden

Zeven dagen zult gij ongezuurde broden eten; dadelijk op de eerste dag zult gij het zuurdeeg uit uw huizen verwijderen, want ieder die iets gezuurds eet, van de eerste tot de zevende dag, zo iemand zal uit Israel worden uitgeroeid (Exodus 12:15).

Hier, verwijst de "eerste dag" naar de dag van redding. Nadat zij werden gered van de dood van de eerstgeborenen en uit Egypte kwamen, moesten de Israëlieten gedurende zeven dagen ongezuurd brood eten. Op gelijke wijze, nadat wij Jezus Christus aannemen en de Heilige Geest ontvangen, moeten wij geestelijk ongezuurd brood eten om de volledige redding te bereiken. Geestelijk betekent ongezuurd brood eten, om de wereld te verlaten en de smalle weg te nemen. Nadat wij Jezus Christus aannemen, moeten wij onszelf vernederen en de smalle weg gaan om volledige redding te bereiken met nederige harten.

Om gezuurd brood te eten in plaats van ongezuurd brood, is de brede en gemakkelijke weg te nemen in het navolgen van de zinloze dingen van de wereld zoals het iemand uitkomt. Eigenlijk, zal de persoon die deze weg neemt geen redding ontvangen. Dat is de reden waarom God zei dat degene die gezuurd brood zou eten, van Israel zou worden afgesneden.

Wat zijn dan de lessen dat het Feest van de Ongezuurde Broden ons vandaag wil geven?

Ten eerste, moeten wij altijd herinneren en dankbaar zijn voor de liefde van God en de genade van redding die wij vrij hebben ontvangen in de verlossing van Jezus Christus.

De Israëlieten herinnerden de tijden van slavernij in Egypte door het eten van de ongezuurde broden gedurende zeven dagen en God dank te geven voor hun redding. Evenzo, moeten, wij gelovigen die de geestelijke Israëlieten zijn, de genade en liefde van God herinneren die ons geleid heeft tot de weg van eeuwig leven en dankbaar zijn voor alle dingen.

We moeten de dag herinneren toen wij God ontmoetten en

ervoeren en de dag toen wij wedergeboren werden met water en de Geest en God dank brengen ter herinnering van Zijn genade. Dit is ook zo wanneer wij naar het geestelijke niveau kijken van het Feest van de Ongezuurde broden. Degene die werkelijk een goed hart hebben zullen nooit enige genade vergeten die zij hebben ontvangen van de Here. Het is de plicht van de mens en het is een actie van een mooi hart van goedheid.

Met dit goede hart, ongeacht hoe moeilijk de huidige realiteit is, zullen wij nooit de genade en liefde vergeten, maar dankbaar zijn om Zijn genade en ons altijd verheugen.

Dit was ook zo bij Habakkuk, die actief was tijdens de regering van Koning Josia rond 600 VC.

Al zou de vijgenboom niet bloeien, en er geen opbrengst aan de wijnstokken zijn, de vrucht van de olijfboom teleurstellen; al zouden de akkers geen spijs opleveren, de schapen uit de kooi verdreven zijn, en er geen runderen in de stallingen zijn, nochtans zal ik juichen in de Here, jubelen in de God van mijn heil (Habakkuk 3:17-18).

Zijn land Juda, moest door de gevaren gaan van de Chaldeeën (Babyloniërs), en de profeet Habakkuk moest zijn land zien vallen, maar in plaats van te vervallen in wanhoop, offerde Habakkuk lofprijs en dank aan God.

Evenzo, ongeacht onze situaties of toestanden van het leven, met het enkele feit dat wij gered zijn door Gods genade zonder enige kost, kunnen wij dankbaar zijn vanuit de grond van ons hart.

Ten tweede, zouden wij niet als een gewoonte ons leven van geloof moeten continueren, noch moeten terug vallen in een eerdere droge weg van leven noch een christelijk leven leiden dat geen progressie heeft of verandering.

Een niet enthousiast leven te leiden als een Christen is om te blijven waar we zijn. Het is een stilstaand leven zonder beweging of verandering. Het betekent dat wij een lauw en gewoon geloof hebben. Het laat ons de formaliteiten van geloof zien, zonder de besnijdenis van ons hart.

Wanneer wij koud zijn, ontvangen we misschien een soort van straf van God, zodat wij ons hart kunnen veranderen en vernieuwd kunnen worden. Maar wanneer wij lauw zijn, dan maken wij compromis met de wereld en verwerpen wij de zonden niet. Wij zullen niet bewust en gemakkelijk God volledig verlaten, omdat wij de Heilige Geest hebben ontvangen en we weten heel goed dat er een hemel en een hel is.

Wanneer wij onze tekortkomingen voelen, zullen wij erover tot God bidden. Maar degene die lauw zijn tonen geen enkele enthousiasme. Zij worden "kerkgangers."

Ze hebben misschien kwellingen, en voelen zich wanhopig en angstig in hun harten, maar terwijl de tijd verstrijkt, verdwijnen zelfs deze gevoelens.

"Zo dan, omdat gij lauw zijt en noch heet, noch koud, zal Ik u uit Mijn mond spuwen" (Openbaring 3:16). Zoals gezegd, kunnen zij dan niet gered worden. Dat is de reden waarom God ons verschillende feesten laat vieren van tijd tot tijd om ons geloof te onderzoeken en om een volledig opgegroeide en volwassen mate van geloof te bereiken.

Ten derde, moeten wij altijd de genade van de eerste liefde hebben. Wanneer wij die hebben verloren, moeten wij nadenken over het punt waar wij gevallen zijn, ons ervan bekeren en snel weder de eerste werken doen.

Iedereen die de Here Jezus heeft aangenomen kan de genade van de eerste liefde ervaren. De genade en liefde van God zijn zo groot dat er iedere dag van zijn leven vreugde en geluk zal zijn.

Net zoals ouders van hun kinderen verwachten dat ze opgroeien, verwacht God ook van Zijn kinderen om standvastiger geloof te hebben en grotere maten van geloof te bereiken. Maar wanneer wij de genade van de eerste liefde op een punt verliezen, worden onze enthousiasme en liefde koud. Zelfs wanneer wij bidden, kunnen wij het doen vanuit een plichtsgevoel.

Totdat wij het volledige niveau van heiliging hebben bereikt, wanneer wij ons hart overgeven aan Satan, kunnen wij ten alle tijde onze eerste liefde verliezen. Dus, wanneer wij de genade van de vurige eerste liefde hebben verloren, moeten wij de reden vinden en ons snel bekeren en terugkeren.

Vele mensen zeggen dat een christelijk leven een smalle en

moeilijke weg is, maar Deuteronomium 30:11 zegt, *"Want dit gebod, dat ik u heden opleg is niet te moeilijk voor u en het is niet ver weg."* Wanneer wij de echte liefde van God beseffen, is het leven van geloof nooit te moeilijk. Dat komt omdat het tegenwoordige lijden niets is vergeleken met de glorie die zal komen. Wij kunnen gelukkig zijn door ons die glorie voor te stellen.

Daarom, als gelovigen die leven in de laatste dagen, zouden wij het woord van God altijd moeten gehoorzamen en altijd in het licht leven. Wanneer wij niet de brede weg nemen van de wereld, maar in plaats daarvan de smalle weg van geloof, zullen wij in staat zijn om het land Kanaän binnen te gaan, welke vloeiende is van melk en honing.

God zal ons de genade van redding en vreugde van de eerste liefde geven. Hij zal ons zegenen om de heiligheid te bereiken en door onze wandel van geloof, zal Hij ons toestaan om het eeuwige hemelse Koninkrijk met geweld in te nemen.

Hoofdstuk 10

Leven van gehoorzaamheid en zegeningen

Deuteronomium 28:1-6

"Indien gij dan aandachtig luistert naar de stem van de Here, uw God, en al zijn geboden, die ik u heden opleg, naarstig onderhoudt, dan zal de Here, uw God, u verheffen boven alle volken der aarde. De volgende zegeningen zullen alle over u komen en uw deel worden, indien gij luistert naar de stem van de Here, uw God: Gezegend zult gij zijn in de stad, en gezegend op het veld. Gezegend zal zijn de vrucht van uw schoot, de vrucht van uw bodem en de vrucht van uw vee: de worp van uw runderen en de dracht van uw kleinvee. Gezegend zullen zijn uw mand en uw baktrog. Gezegend zult gij zijn bij uw ingang en gezegend zult gij zijn bij uw uitgang."

De geschiedenis van Israëls Exodus geeft ons waardevolle lessen. Net zoals er plagen over Farao en Egypte kwamen vanwege hun ongehoorzaamheid, leden de Israëlieten onderweg naar het land Kanaän onder de beproevingen en faalden om voorspoed te hebben, omdat zij tegen de wil van God ingingen.

Zij werden gered van de plaag van de dood van de eerstgeborene, door het Pascha. Maar toen zij geen water te drinken hadden en geen voedsel om te eten op hun weg naar Kanaän, begonnen zij te klagen.

Zij maakten een gouden kalf en aanbaden het, en gaven slechte verslagen over het Beloofde land; ze stonden zelfs op tegen Mozes. Dit alles kwam omdat zij niet naar Kanaän keken met de ogen van geloof.

Als gevolg, stierf de gehele eerste generatie van de Exodus in de woestijn, behalve Jozua en Kaleb. Alleen Jozua en Kaleb geloofden de belofte van God en gehoorzaamden Hem, en zij gingen het land Kanaän binnen met de tweede generatie van de Exodus.

De zegening van het binnengaan in het land Kanaän

Sinds de eerste generatie van de Exodus was een gedeelte van de generaties geboren en opgegroeid in een heidense cultuur van Egypte gedurende 400 jaar, zij hadden veel van hun geloof in God verloren. Ook een groot deel van de zonde was in hun harten geplant terwijl zij door vervolgingen en lijden gingen.

Maar de Israëlieten van de Tweede generatie van de Exodus werden onderwezen in het woord van God, sinds ze jong waren. Omdat zij getuigen waren van de vele krachtige werken van God, waren zij totaal verschillend van de generatie van hun ouders.

Zij begrepen waarom hun ouders generatie het land Kanaän niet binnen konden gaan, maar in de woestijn moesten blijven gedurende 40 jaren. Ze waren volledig klaar om God en hun leider te gehoorzamen met waar geloof.

In tegenstelling tot hun ouders generatie, die voortdurend klaagden zelfs na het ervaren van talloze werken van God, beloofden zij om ten volle te gehoorzamen. Zij beleden dat zij Jozua totaal zouden gehoorzamen, die Mozes opvolgde door de wil van God.

> *Evenzeer als wij Mozes gehoord hebben, zullen wij naar u horen; moge maar de Here, uw God met u zijn, zoals Hij met Mozes geweest is. Ieder die uw bevel weerstreeft en niet hoort naar uw woorden, wat gij hem ook bevelen zult, zal ter dood gebracht worden. Alleen wees sterk en moedig!* (Jozua 1:17-18).

De 40 jaren in de woestijn waarin de Israëlieten ronddwaalden, was niet alleen een tijd van straf. Het was een tijd van geestelijke training voor de tweede generatie van de Exodus, die het land van Kanaän binnen zouden gaan.

Voordat God ons zegeningen geeft, staat Hij vele verschillende soorten van geestelijke trainingen toe, zodat wij geestelijk geloof kunnen hebben. Dat komt omdat wij zonder geestelijk geloof, geen redding ontvangen en wij het hemelse koninkrijk niet binnen kunnen gaan.

Ook, wanneer God ons zegeningen geeft, voordat wij geestelijk geloof hebben, kunnen we verwachten dat de meesten van ons terugkeren naar de wereld. Dus, toont God ons ontzagwekkende werken van Zijn kracht, en soms staat Hij ook vurige beproevingen toe zodat ons geloof kan groeien.

De eerste horde van gehoorzaamheid die de tweede generatie onderging was bij de Rivier de Jordaan. De Rivier de Jordaan, stroomde tussen de vlaktes van Moab en het land Kanaän, en in die tijd, was er een sterke stroom en stroomden de oevers vaak over.

Wat zei God hier? Hij zei dat de priesters de ark van het verbond moesten dragen en het volk moesten leiden door als eerste in de rivier te stappen. Zodra het volk de wil van God hoorde door Jozua, gingen zij naar de Rivier de Jordaan zonder aarzelen, met de priesters voor hen uit.

Omdat zij geloofden in de alwetende en almachtige God, konden zij gehoorzamen zonder enige twijfel of klagen. Als gevolg, toen de voeten van de priesters die de Ark droegen, het water aan de oevers raakten, stopte het water met stromen en konden zij oversteken over het droge land.

Zij vernietigden ook de stad Jericho, waarvan gezegd werd dat het een onneembare burcht was. In tegenstelling tot vandaag, daar zij geen krachtige wapens hadden, was het bijna onmogelijk om zulke sterke muren te vernietigen, welke eigenlijk uit een dubbele wand van muren bestond.

Zelfs met al hun kracht, zou het een enorme moeilijke taak geweest zijn om het te vernietigen. Maar God zei hen om enkel om de stad heen te lopen een keer per dag, gedurende zes dagen, en op de zevende dag, vroeg op te staan en er zeven keer om heen te wandelen, en dan te roepen met een luide stem.

In een situatie waar de vijandelijke krachten wacht hielden op de top van muur, begon de tweede generatie van de Exodus om de muren van de stad te wandelen zonder te aarzelen.

Het was mogelijk dat hun vijand zoveel pijlen had kunnen schieten tegen hen of een grote aanval tegen hen richten. Maar toch in deze gevaarlijke situatie gehoorzaamden zij het woord van God en wandelden om de stad. Zelfs de sterke muren moesten vallen toen het volk Israel het woord van God gehoorzaamde.

Zegeningen ontvangen door gehoorzaamheid

Gehoorzaamheid kan elke soort van omstandigheid overwinnen. Het is de doorgang om de ontzagwekkende kracht van God neer te laten komen. Vanuit menselijk perspectief, denken we misschien dat het onmogelijk is om een bepaald iets te gehoorzamen. Maar in Gods ogen, is er niets wat wij niet zouden kunnen gehoorzamen, en God is almachtig.

Om dit soort van gehoorzaamheid te laten zien, net zoals wij lam in het vuur moeten roosteren, moeten wij het woord van God volledig horen en begrijpen door de inspiratie van de Heilige Geest.

Net zoals het volk Israel, gedurende de generaties, het Passcha en het Feest van de Ongezuurde Broden in acht moeten nemen, moeten ook wij het woord van God in acht nemen en het in onze gedachten bewaren. Wij moeten namelijk voortdurend ons hart besnijden met het woord van God en onze zonden en slechtheid verwerpen met onze dankbaarheid voor de genade van redding.

Alleen dan zullen wij echt geloof krijgen en zullen wij de echte daad van gehoorzaamheid laten zien.

Er zijn misschien dingen die wij niet kunnen gehoorzamen, wanneer wij theoretisch denken, met kennis of met normaal menselijk verstand. Maar de wil van God voor ons is om toch te gehoorzamen zelfs in deze dingen. Wanneer wij dit soort van gehoorzaamheid laten zien, laat God ons grote werken zien en wonderlijke zegeningen.

In de Bijbel, ontvingen vele mensen ontzagwekkende zegeningen door hun gehoorzaamheid. Daniël en Jozef ontvingen zegeningen vanwege hun standvastige geloof in God, en zelfs voor de dood, hielden zij zich alleen vast aan het woord van God. Ook door het leven van Abraham, de vader van geloof, kunnen wij begrijpen hoeveel welgevallen God heeft in degene die gehoorzamen.

De zegeningen gegeven aan Abraham

De Here nu zeide tot Abram: "Ga uit uw land en uit uw maagdschap en uit uws vaders huis naar het land, dat Ik u wijzen zal; Ik zal u tot een groot volk maken, en gij zult tot een zegen zijn" (Genesis 12:1-2).

Op dat moment, was Abraham vijfenzeventig jaar, hij was echt niet meer jong. Bovendien, was het niet gemakkelijk voor hem om zijn land te verlaten en al zijn familieleden achter te laten, omdat hij geen enkele zoon als erfgenaam had.

God had hem ook niet gezegd naar welke specifieke plaats hij moest gaan. God beval hem alleen maar om te gaan. Als de menselijke gedachte was gebruikt, was het heel moeilijk om te gehoorzamen. Hij moest alles achter zich laten, naar een volkomen vreemde plaats gaan.

Het is niet gemakkelijk om alles wat wij hebben achter ons te laten, en naar een volkomen nieuwe plaats te gaan, zelfs al hebben we een zekere garantie over de toekomst. En hoeveel mensen kunnen nu werkelijk alles wat ze hebben achter zich laten, wanneer hun toekomst niet zo duidelijk is? Maar Abraham gehoorzaamde alleen.

Er was nog een voorval waarin de gehoorzaamheid van waarin Abraham zijn licht stralender ging schijnen. Om Abrahams gehoorzaamheid volmaakter te ontvangen, stond God een test toe om hem zegeningen te geven.

God beval hem namelijk om zijn enige zoon Isaak te offeren. Isaak was een kostbare zoon voor Abraham. Hij was waardevoller voor hem dan zichzelf, maar hij gehoorzaamde zonder enige aarzeling.

Nadat God tot hem had gesproken, zien wij in Genesis 22:3 dat hij de volgende dag, vroeg in de morgen opstond, en de dingen voorbereidde om aan God een offer te brengen, en naar de plaats ging die God hem had gezegd.

Deze keer, was het een hoger niveau van gehoorzaamheid dan toen hij zijn land en zijn vaders huis moest verlaten. Toen, moest hij alleen maar God gehoorzamen zonder echt de wil van God te kennen. Maar toen God hem vroeg om zijn zoon Isaak te offeren als een brandoffer, begreep hij Gods hart en gehoorzaamde Zijn wil. In Hebreeën 11:17-19 staat geschreven hoe hij geloofde dat zelfs al moest hij zijn zoon als een brandoffer offeren, God hem zou opwekken, want hij was het zaad der belofte Gods.

God had behagen met dit geloof van Abraham en Hij zelf bereidde een offer voor. Nadat Abraham de beproeving had doorstaan, noemde God hem Zijn vriend, en gaf hem grootte zegeningen.

Zelfs vandaag, is water in geheel Israel schaars. Het was nog schaarser ten tijde van het land Kanaän. Maar overal waar Abraham ging was er overvloed aan water. En zelfs zijn neef Lot, die bij hem bleef ontving zo'n grote zegening.

Abraham had veel kleinvee, en veel zilver en goud; hij was heel rijk. Toen zijn neef Lot, gevangen genomen werd, nam Abraham

318 mannen die opgeleid waren in zijn huis, en redde Lot. Enkel door dit feit te zien, kunnen wij zien hoe rijk hij was.

Abraham gehoorzaamde het woord van God. Het land en de nabije omgeving om hem heen ontvingen samen zegeningen, en degene die met hem waren ontvingen ook zegeningen.

Door Abraham, ontving zijn zoon Isaak ook zegeningen, en zij nakomelingen waren zoveel dat ze zelfs een natie gingen vormen. Bovendien, vertelde God hem dat God degene die hem zegenden ook zou zegenen, en Hij degene zou vervloeken die hem vervloekten. Hij werd zo gerespecteerd dat zelfs de koningen van aangrenzende landen hem eer betuigden.

Abraham ontving allerlei soorten van zegeningen, die iemand op deze aarde maar kan ontvangen, inclusief rijkdom, roem, autoriteit, gezondheid, en kinderen. Net zoals beschreven staat in het boek Deuteronomium hoofdstuk 28, ontving hij zegeningen in zijn ingang en in zijn uitgang.

Hij werd de bron van zegeningen en de vader van geloof. Bovendien, kon hij het hart van God diep begrijpen en kon God Zijn hart met hem delen als Zijn vriend. Wat een glorieuze zegening is dat!

Omdat God liefde is, wil Hij dat iedereen wordt zoals Abraham en de gezegende en glorieuze posities bereikt. Dat is de reden waarom God alles gedetailleerd liet opschrijven over Abraham. Iedereen die zijn voorbeeld navolgt en het woord van God gehoorzaamt, kan dezelfde zegeningen ontvangen wanneer hij in en uit gaat net zoals Abraham.

De liefde en gerechtigheid van God, die ons wil zegenen

Tot nu toe, hebben wij gekeken naar de Tien plagen die toegebracht werden over Egypte en het Pascha welke de weg van redding was voor de Israëlieten. Hierdoor kunnen wij begrijpen waarom wij moeilijkheden tegen komen, hoe wij deze kunnen vermijden, en hoe wij gered kunnen worden.

Wanneer wij lijden onder problemen of rampen, moeten wij beseffen dat het van nature veroorzaakt wordt door onze zonden. Dan moeten wij snel zijn om naar onszelf te kijken, ons te bekeren en alle vormen van zonde verwerpen. Ook, door Abraham, kunnen wij begrijpen wat voor soort wonderlijke en onvoorstelbare zegeningen God geeft aan degene die Hem gehoorzamen.

Er zijn voor alle rampen oorzaken. Overeenkomstig de mate dat wij deze beseffen met het hart, ons afkeren van de zonde en slechtheid, en onszelf veranderen, zullen de resultaten ook anders zijn. Sommige mensen zullen enkel de straf voor hun zonden betalen, terwijl anderen de duisternis of zonde in hun hart vinden door het lijden en het tot een kans maken om zich te veranderen.

In Deuteronomium hoofdstuk 28, kunnen wij de vergelijking vinden tussen de zegeningen en de vloeken die over ons zullen komen in de situaties van gehoorzaamheid en ongehoorzaamheid aan het woord van God.

God wil ons zegeningen geven, maar zoals Hij in

Deuteronomium 11:26 zei, *"Zie Ik houd u heden zegen en vloek voor,"* de keuze is aan ons. Wanneer wij bonen zaaien, zullen er bonen uitspruiten. Evenzo, zullen wij lijden onder de rampen, van satan, vanwege onze zonde. In dit geval, moet God de rampen toestaan overeenkomstig Zijn gerechtigheid.

Ouders willen dat het goed gaat met hun kinderen, en ze zeggen, "Studeer hard," "Leef een oprecht leven," "Gehoorzaam aan de verkeersregels," enzovoort. Met dit zelfde hart, heeft God ons Zijn geboden gegeven en Hij wil dat wij ze gehoorzamen. Ouders willen nooit dat hun kinderen ongehoorzaam zijn aan hen, en dat ze in het ongeluk vallen en in de vernietiging. Evenzo, is het nooit de wil van God voor ons dat wij onder moeilijkheden lijden.

Daarom bid ik in de naam van de Heer Jezus Christus dat u allen de wil van God voor Zijn kinderen zal beseffen dat het geen rampspoed is, maar zegen en door een leven van gehoorzaamheid u de zegeningen zal ontvangen wanneer u ingaat en uitgaat, en alles goed met u zal gaan.

De auteur:
Dr. Jaerock Lee

Dr. Jaerock Lee werd geboren in Muan, Provincie Jeonnam, Republiek van Korea, in 1943. In zijn twintiger jaren, leed Dr. Lee aan verschillende ongeneeslijke ziektes gedurende zeven jaar en wachtte op zijn dood zonder enige hoop op herstel. Op een dag in de lente van 1974, echter, werd hij naar een kerk geleid door zijn zuster en toen hij neerknielde om te bidden, genas de levende God hem onmiddellijk van al zijn ziektes.

Vanaf die tijd, ontmoette Dr. Lee de levende God door deze wonderlijke ervaring, hij heeft God lief met zijn hele hart en in oprechtheid, en in 1978 werd hij geroepen om een dienstknecht van God te zijn. Hij bad vurig zodat hij duidelijk de wil van God kon begrijpen en deze volledig te vervullen en alle woorden van God te gehoorzamen. In 1982, richtte hij de Manmin Kerk op in Seoul, Zuid-Korea, en ontelbare werken van God, inclusief wonderlijke wonderen van genezing en tekenen, hebben plaats gevonden in zijn kerk.

In 1986, werd Dr. Lee aangesteld als een voorganger in de jaarlijkse vergadering van Jezus' Sungkyul Gemeente van Korea, en 4 jaar later in 1990, werden zijn boodschappen uitgezonden in Australië, Rusland, de Filippijnen en nog meer landen door het Verre Oosten Televisie Bedrijf, het Televisie Bedrijf Azië, en het Washington Christelijke Radio Systeem.

Drie jaar later in 1993, werd de Manmin Centrale kerk uitgekozen tot een van de "werelds top 50 kerken" door het *Christian World* magazine (US) en hij ontving een Ere doctoraat van Godgeleerdheid van het Christian Faith College, Florida, USA, en in 1996 een Dr. in de Bediening van Kingsway Theologische Seminarium, Iowa, USA.

Sinds 1993, heeft Dr. Lee de leiding genomen in de wereld zending door vele overzeese campagnes in Tanzania, Argentinië, L.A., Oeganda, Japan, Pakistan, Kenia, de Filippijnen, Honduras, India, Rusland, Duitsland, Peru, Democratisch Republiek van Kongo, en Israël en Estonia.

In 2002 werd hij een "wereldwijde opwekkingsprediker" genoemd door een groot Christelijk Nieuwsblad in Korea, vanwege zijn krachtige bedieningen tijdens buitenslands campagnes. Vooral, zijn "New York campagne in 2006" welke gehouden werd in de Madison Square Garden, de beroemdste arena ter wereld, werd uitgezonden in meer dan 220 naties, en zijn 'Israel Verenigde Campagne in 2009' welke gehouden werd in het International Convention Center in Jeruzalem, waar hij vrijmoedig Jezus Christus verkondigde als de Messias en Redder. Zijn boodschap werd uitgezonden in 176 landen via satelliet inclusief GCN TV en hij stond op de Top 10 lijst als zijnde een van de meest invloedrijke Christelijke leiders van 2009 en 2010, door een bekend Russisch Christelijke magazine *In Victory* en nieuwe bureau *Christian Telegraph* voor zijn krachtige TV uitzendingen en buitenlandse kerk-en pastorbediening.

Vanaf oktober 2014, is de Manmin Central Church een gemeente met meer dan 120,000 leden en 10,000 binnenlandse en buitenlandse aftakkingen van de kerk over de hele wereld, inclusief 54 binnenlandse dochtergemeenten, en heeft meer dan 129 zendelingen uitgezonden naar 23 landen, inclusief de Verenigde Staten, Rusland, Duitsland, Canada, Japan, China, Frankrijk, India, Kenia, en veel meer.

Tot de datum van deze publicatie, heeft Dr. Lee 88 boeken geschreven, inclusief bestsellers als *Het Eeuwige Leven Smaken voor de Dood, Mijn Leven, Mijn Geloof I & II, De Boodschap van Het Kruis, De Mate van Geloof, De Hemel I & II, De Hel*, en *De Kracht van God*, en zijn werken zijn vertaald in meer dan 76 talen.

Zijn christelijke columns verschijnen in *The Hankook Ilbo, The JoongAng Daily, The Dong-A Ilbo, The Chosun Ilbo, The Munhwa Ilbo, The Seoul Shinmun, The Kyunghyang Shinmun, The Korea Economic Daily, The Korea Herald, The Shisa News*, en *The Christian Press*.

Dr. Lee is tegenwoordig oprichter en president van een aantal zendingsorganisaties en verenigingen: evenals voorzitter, De Verenigde Heiligheid Kerk of Jezus Christus; President, Manmin Wereld Zending; Blijvend President, Van de Wereld Christelijke Opwekkingsvereniging; Oprichter en bestuursvoorzitter, Wereld Christelijke Netwerk (GCN); Oprichter en Bestuursvoorzitter, De Wereld Christen Doktors Netwerk (WCDN); en Oprichter en Bestuursvoorzitter, Manmin Internationale Seminarium (MIS).

Andere krachtige boeken van dezelfde auteur

De Hemel I & II

Een gedetailleerde weergave van de prachtige leefomgeving waar de hemelburgers van zullen genieten en een mooie beschrijving van de verschillende niveaus van hemelse koninkrijken.

De Boodschap van Het Kruis

Een krachtige boodschap voor alle mensen om degene wakker te maken die geestelijk slapen! In dit boek kan je de reden vinden waarom Jezus de enige Redder is en de ware liefde van God.

De Hel

Een ernstige boodschap voor de gehele mensheid van God, die wenst dat niet een ziel valt in de diepten van de hel! U zult ontdekken de nooit-eerder-geopenbaarde weergave van de wrede realiteit van het Onder Graf en de Hel.

Geest, Ziel en Lichaam I & II

Een gids welke ons geestelijk begrip geeft van geest, ziel en lichaam en ons helpt om te ontdekken wat voor soort "zelf" wij hebben gemaakt, zodat wij de kracht kunnen verkrijgen om de duisternis te vernietigen en een geestelijk persoon kunnen worden.

De Mate van Geloof

Wat voor soort verblijfplaats, kroon en beloningen zijn er voor u voorbereid in de hemel? Dit boek is voorzien van wijsheid en leiding om uw geloof te meten en te ontwikkelen tot het beste en meest volwassen geloof.

Maak Israël Wakker

Waarom heeft God Zijn ogen over Israel bewaard vanaf de grondlegging der wereld tot op vandaag? Welke voorziening heeft Hij voorbereid voor Israel in deze laatste dagen, die op de Messias wacht?

Mijn Geloof, Mijn Leven I & II

Een zeer welriekende geestelijke geur onttrokken uit het leven dat bloeide met een onmetelijke liefde voor God, te midden van de donkere golven, koud juk en de diepste wanhoop.

De Kracht van God

Een boek wat gelezen moet worden, welke dient tot een noodzakelijke handleiding waardoor iemand echt geloof kan bezitten en de wonderlijke kracht van God kan ervaren.

www.urimbooks.com

www.ingramcontent.com/pod-product-compliance
Lightning Source LLC
LaVergne TN
LVHW041813060526
838201LV00046B/1246